中华经典藏书

————

陈涛 译注

晏子春秋

中华书局

图书在版编目（CIP）数据

晏子春秋/陈涛译注. —北京：中华书局，2016. 1（2022. 12
重印）
（中华经典藏书）
ISBN 978-7-101-11472-0

Ⅰ.晏… Ⅱ.陈… Ⅲ.①先秦哲学②《晏子春秋》-注释
③《晏子春秋》-译文 Ⅳ.B220

中国版本图书馆 CIP 数据核字（2016）第 000150 号

书　　　名	晏子春秋
译 注 者	陈　涛
丛 书 名	中华经典藏书
责任编辑	王水涣
责任印制	管　斌
出版发行	中华书局
	（北京市丰台区太平桥西里 38 号　100073）
	http://www.zhbc.com.cn
	E-mail:zhbc@zhbc.com.cn
印　　　刷	三河市博文印刷有限公司
版　　　次	2016 年 1 月第 1 版
	2022 年 12 月第 7 次印刷
规　　　格	开本/880×1230 毫米　1/32
	印张 11⅞　插页 2　字数 160 千字
印　　　数	50001-53000 册
国际书号	ISBN 978-7-101-11472-0
定　　　价	26.00 元

前　言

　　《晏子春秋》是记述春秋末期齐国名相晏婴言行的著作。长期以来，无论是对该书的作者及成书年代，还是对该书的思想体系，学术界都存在分歧。因此，有必要对这些问题进行深入的探讨，以期得出比较接近于事实的结论。

一、关于《晏子春秋》的作者及成书年代

　　关于《晏子春秋》的作者及成书年代，大致有如下几种说法，现分别予以评介。

　　一说为晏婴本人所作。《隋书·经籍志》：“《晏子春秋》七卷，齐大夫晏婴撰。”按该书一些章节记载了晏子临终及死后的事情，一些篇章的结尾有“晏子没而后衰”之类的话，而该书叙事时提到晏婴一律称“晏子”（称“子”乃是尊称），均可证明该书非晏婴本人所撰。

　　一说为墨家后学所著。主此说者以唐代柳宗元为代表。他说：“吾疑其墨子之徒有齐人者为之。墨好俭，晏子以俭名于世，故墨子之徒尊著其事以增高为己术者。”（《柳河东集》卷四）首先，《晏子春秋》中所表现的非乐、节用、非厚葬久丧等，大都是有为而发，其实质与墨子的主张并不完全相同；相反，在对待天帝鬼神灾异等的态度上，更与墨子明鬼的主张大相径庭。其次，书中言及墨子称颂晏子的话仅两见，而说到孔子称颂晏子的地方却有八处之多，很难想象，在儒、墨两个学派严重对立、激烈诘难的情况下，墨家后学会在自己撰写的著作中宣扬非墨家学派的主张并对儒家学派的创始人孔子大加赞扬。

因此，说该书为墨子之徒所撰写，难以令人信服。

一说为六朝后人所伪造。清管同说："吾谓汉人所言《晏子春秋》不传久矣，世所有者，后人伪为者耳……其文浅薄过甚，其诸六朝后人为之者欤？"（《因寄轩文集》）其根据只有一条，即《史记·管晏列传》所说的"其书世多有，故不论，论其轶事"，而《列传》却载有"荐御者为大夫"、"脱越石父于缧绁"事，由此推断出司马迁所见《晏子春秋》无此二事，从而得出后世所传《晏子春秋》为后人伪造的结论。所谓"轶事"，指不见于正式记载的事迹。司马迁所举的两件事，当属民间流传的最具典型性和代表性的故事，正是从这一角度出发，太史公才选入本传的，不必认定即为当时的《晏子春秋》所不载。类似的情况如，管仲与鲍叔事，本传详载，而《管子》中亦有记载；曹刿会盟劫桓公事，本传与《管子》俱有记载，不能由此得出《管子》由汉代以后人伪造的结论。最能说明非六朝后人伪造的，是前此一些著述中对《晏子春秋》故事及文句的引用。王充在《论衡·书解》中就曾明确指出："管仲、晏婴，功书并作。"西汉时代的著作如《淮南子》《韩诗外传》《说苑》《新序》《列女传》等亦多次称引，更被著录在《汉书·艺文志》里。可见伪作之说绝难成立。

影响较大的是今人吴则虞的说法。他在《晏子春秋集释·序言》中说，《晏子春秋》的成书，"极有可能就是淳于越之类的齐人，在秦国编写的"。成书年代"大约应当在秦政统一六国后的一段时间内"。吴先生确定成书年代的依据主要有三条：一是"先秦诸子书中没有像《晏子春秋》这样，整部书全用短篇故事组成的"。二是从引《诗》看，"《晏子春秋》的引《诗》与《齐诗》并不相同，而恰恰与《毛诗》同一学派"，因此，"成书年代自然应较晚于毛亨"。三是《晏子春秋》有"击缶"的记载，而"秦人把'缶'作为乐器，这自然不是齐国的风俗了"，故可说明成书的时间地点。关于第一点，全用短篇故事组成的书，在先秦早就有了。上个世纪七十年代长沙马王堆汉墓出土的帛书《春秋事语》，记齐、鲁等国史实，全用短篇故事组成；传世的《国语》，所记春秋时期各国史实亦均由短篇故事组成。史书可由短篇故事组成，个人专集当然也可由短篇故事组成。说到引《诗》问题，实际情况是，不只是《晏子春秋》，就是其他先秦著作的引《诗》，往往都带有随意性。称引者一般并不严格遵照所引诗句的原意，而常常是取其相近或相关的一点，借以申明自己的主张或看法，称引者的立脚点不同，选取的角度不同，对诗句的理解自然不会相同。我们很难由于对《诗》的理解不同，就一定要分出谁是齐诗派、毛诗派，或者鲁诗派、韩诗派。况且，《晏子春秋》所引诗句，亦有今本《诗经》所未载者，而文字有出入者就更多，流传下来的只有毛诗，由此倒是可以得出相反的结论，即《晏子春秋》的成书年代当早于毛亨的时代。至于说只有秦人把"缶"作为乐器，显然与事实不符。《诗·陈风·宛丘》："坎其击缶，宛丘之道。"《正义》曰："缶是瓦器，可以节乐，若今击瓯。"《墨子·三辩》也有"农夫春耕夏耘，秋敛冬藏，息于聆缶之乐"的话。可见，古人或以缶为打击乐器，乃是普遍的风俗，不独秦人为然。以击缶为据，推断出《晏子春秋》的编写地点在原秦国境内，显然是站不住脚的。因为成书年代、地点的论断和依据难以成立，那么编写者为淳于越之类的人物的说法自然也就失去了根基。

从《晏子春秋》的内容看，像薄赋、省刑、宽政、节用等主张，民本、民诛等思想，明显具有战国中期以后的时代特点；从语言风格看，该书文字朴实无华，流畅自然，绝少战国后期那种铺陈扬厉、挥挥洒洒的风格。所以，成书年代以定为战国中期以后、末期之前为宜。而从章节内容、语句多有重复、记事时间跨度大等情况看，该书不可能出自一人之手，不是一时之作。其作者可能有齐国的史官，也可能有稷下各学派的文学游说之士，还可能有晏子的后人和门人等。而全书风格相近，体例一致，文字统一，可能有一人或少数人修饰润色过。不过由于史料所限，无论是草创者、增补者，还是修饰者、润色者，都难于详考了。

二、关于《晏子春秋》的思想体系

关于《晏子春秋》所属学派问题，大体上可以归纳为四种说法，即儒家说、墨家说、亦儒亦墨说、非儒非墨说。

自《汉书·艺文志》《七略》把《晏子春秋》归入儒家以后，儒家说一直占有统治地位；柳宗元提出《晏子春秋》"宜列入墨家"；近人张纯一主亦儒亦墨说，认为"综核晏子之行，合儒者十三四，合墨者十六七"，"其学盖源于墨、儒"；吴则虞则认为，"晏婴本人的思想并没有形成一种独立的学派，他的思想也不属于某一学派"。我们认为，尽管论证不够充分，吴则虞的看法是可取的。众所周知，春秋末期和战国时期，是我国思想学术领域最为活跃的时期。处于社会大变革时代的各阶级、各阶层及各种势力的代表人物，积极宣扬自己的主张，出现了所谓"百家争鸣"的繁荣景象。这些主张，并不都是互相对立或界限分明的，彼此之间往往互有影响，互有渗透。比如忠君爱国、举贤任能等思想，不同学派往往都有所反映。一般所说的诸子百家也好，《汉书·艺文志》所说的"诸子十家，其可观者九家"也好，都是汉代人划分的，春秋战国之际并没有这名目。特别是晏婴，生活在春秋末期，其时的思想学术界并不像战国时期那样学派纷呈，论辩激烈。如果不历史地、全面地加以分析，仅仅根据《晏子春秋》中的某些记载接近于儒家即指为儒家学派，某些记载接近于墨家即指为墨家学派，或二者兼而有之即指为亦儒亦墨派，各执一端或首鼠两端，那就永远也辩论不清，最终只能是"后息者胜"了。因此，贴标签或几几开的办法是不科学的。我们只有根据《晏子春秋》本身的基本内容，联系当时的社会实际，才能对该书的思想倾向有一个比较客观的认识。

在自然观上，《晏子春秋》表现了朴素的唯物论和辩证法的观点。对盛衰生死，晏子认为，"夫盛之有衰，生之有死，天之分也；物有必至，事有常然，古之道也"（《外上》二）。就是说，有盛有衰，有生有死，是自然界的规律；世间一切事物都有自己的客观规律，不以人的意志为转移。对待彗星等异常天象及干旱疾病等灾祸，晏子认为禳除祈祷是无益的，重要的在于修文德，节嗜欲，宽政爱民。这些，都含有朴素唯物论的因素。在君臣关系上，晏子两次提到"和"与"同"的问题。他把不问是非，一味顺从君主称为"同"；而"和"则是："君所谓可，而有否焉，臣献其否，以成其可；君所谓否，而有可焉，臣献其可，以去其否。"能够看到问题的两个方面，认识到事物对立统一、相辅相成和相反相成的关系，无疑具有辩证法的因素。

在思想学术方面，《晏子春秋》虽然难归入某一学派，晏婴本人的思想在当时也没有形成独立的流派，但从该书所反映出的政治思想倾向看，晏婴以"重民"、"民本"为核心的思想以及一系列经世致用的主张，却代表了新兴地主阶级的根本利益，并在一定程度上反映了劳动人民的愿望。

结合历史的教训与现实的经验，晏子深刻认识到，统治者"意莫高于爱民，行莫厚于乐民；意莫下于刻民，行莫贱于害民"（《问上》二十二）。他对齐景公"与民为雠"、"不顾民而忘国"的行为多次提出批评，警告说："今君不革，将危社稷。"（《谏下》八）并尖锐指出："君得罪于民，谁将治之？敢问：桀、纣，君诛乎，民诛乎？"（《谏上》十三）"民诛"观点的提出，不单对国君，对整个统治阶级也是严正警告。基于这样的认识，晏子提出了可贵的"民本"观点："谋度于义者必得，事因于民者必成……义，谋之法也；民，事之本也。"（《问上》十二）"卑而不失尊，曲而不失正者，以民为本也。"（《问下》

二十一）"民本"观点的提出，与晏子"世民"的出身，与他长期"近市"居住对民间疾苦有较深的了解，与其所处的时代以及长期从政的实践，都有一定的关系，可以这样说，重视人民的作用，政令以民为本，是晏子政治思想的核心。以"重民"、"民本"思想为核心，晏子提出了一系列进步的主张：

薄赋敛，省徭役，以减轻人民负担。晏子多次批评景公"使民若不胜，藉敛若不得，厚取于民而薄其施"（《问上》七），"兴事无已，赋敛无厌"（《外上》三），反复强调要"俭于藉敛，节于货财，作工不历时，使民不尽力，百官节适，关市省征，山林陂泽，不专其利，领民治民，勿使烦乱，知其贫富，勿使冻馁"（《问上》二十六），指出君主应该"饱而知人之饥，暖而知人之寒，逸而知人之劳"（《谏上》二十），谏止景公修建大台、长庲、邹之长途之役，解除了人民沉重的徭役负担。

减轻刑罚，反对杀戮无辜。针对景公"藉重而狱多，拘者满圄"、对人民"常致其苦而严听其狱，痛诛其罪"、"诛僇如仇雠"的残暴行径，晏子不断予以批评，认为执政者应该"刻上而饶下，赦过而救穷，不因喜以加赏，不因怒以加罪"（《问上》十七），指责景公滥施刑罚，以致弄得市场上"踊贵而履贱"，明确提出省刑罚的主张："弛刑罚——若死者刑，若刑者罚，若罚者免。"这在客观上起到了减轻人民痛苦、保护人民生命的作用。

举贤任能，反对信用谗佞。晏子反复强调，贤君治理国家的原则是："其政任贤，其行爱民……从邪害民者有罪，进善举过者有赏。"（《问上》十七）认为"有贤而不知"、"知而不用"、"用而不任"是国家不吉利的事；而得贤的方法是"举之以语，考之以事"（《问上》十七）；"无以靡曼辩辞定其行，无以毁誉非议定其身"；"通则视其所举，穷则视其所不为，富则视其所分，贫则视其所不取"（《问上》十三）。晏子认识到人无完人，对人不可求全责备的道理，他说："人不同能，而任之以一事，不可责遍成。""故明王之任人，谄谀不迩乎左右，阿党不治乎本朝。任人之长，不强其短；任人之工，不强其拙。"（《问上》二十四）对结党营私之徒，谗佞谄谀之辈，晏子深恶痛绝，把这些人比作社鼠猛狗，认为他们是治国之长患。像这样，既讲举贤任能，又明确提出贤能之士的标准，就把尊贤使能的思想提到了一个新高度。

廉洁节俭，并身体力行。对景公的穷奢极欲，晏子敢于犯颜强谏。对私欲和富利，他认为应当加以限制，如果无节制地追求满足私欲和得到富利，就会遭受祸害。据此，他提出了"廉者，政之本也"的卓越论断。基于这样的认识，晏子本人虽身居相位，却一直过着节俭乃至清寒的生活。他多次拒绝景公的赏赐，反对更换、改建自己的简陋住宅，甚至坚持交出自己的俸禄、食邑和车辆。他之所以能够做到"贫而不恨"，甚至心甘情愿地"以贫为师"，是因为对廉洁节俭的作用有着深刻的认识："可以洁下。"即以自己的行动影响下属，使下属廉洁节俭；为国民做表率，以防止世风的侈靡，其用心可谓良苦矣。

以礼治国，以礼治民。作为社会行为准则和道德规范的礼，不同的时代、不同的阶级有不同的内容。晏子认为，礼"可以为国"，可以"御民"，其具体内容则是："君令臣忠，父慈子孝，兄爱弟敬，夫和妻柔，姑慈妇听，礼之经也；君令而不违，臣忠而不二，父慈而教，子孝而箴，兄爱而友，弟敬而顺，夫和而义，妻柔而贞，姑慈而从，妇听而婉，礼之质也。"（《外上》十五）实际上是把它作为调整统治阶级内部以及对立阶级之间乃至人与人关系的手段，目的在于维护和加强地主阶级的统治地位，谐调社会各成员之间的关系，这在当时无疑是有进步意义的。

总之，《晏子春秋》所表现的"重民"、"民本"思想以及晏子的一系列经世致用的主张，代表了新兴地主阶级的根本利益，客观上反映了人民的一些愿望和要求。因此，《晏子春秋》

是先秦诸子中一部重要的著作，而晏子作为人治社会"贤相"的代表，其思想主张在今天也仍有一定的借鉴作用。

三、关于《晏子春秋》的版本

史书中最早提到《晏子春秋》书名的是《史记·管晏列传》："太史公曰：'吾读管氏《牧民》《山高》……及《晏子春秋》，详哉其言之也。'"惜乎语焉不详，连篇数亦未言及。刘向《叙录》称所见内库所藏及太史所藏共三十八篇，八百三十八章。删除重复的二十二篇，六百三十八章，定为八篇二百一十五章。经刘向整理、编辑之后，《晏子春秋》才得以完整的面目流传下来。刘歆《七略》谓"《晏子春秋》七篇"，《汉书·艺文志》谓"《晏子》八篇"，或称《晏子春秋》，或称《晏子》，当是一书二名；或言七篇，或言八篇，当是分、合《外篇》使然。元刻本共八卷二百十五章（当为明活字本之祖本），至清初已亡佚。明代出现了活字本及一批刻本，较有影响者如明活字本（商务印书馆曾据以影印）、绵眇阁本（为《四库全书》所收，内篇分《谏上》《谏下》《问上》《问下》《杂上》《杂下》六篇，《外篇》分上、下二篇，与《汉书·艺文志》八篇之数相合）、归有光评本（即《百二十子》本，不分卷）。清代主要有经训堂本（八卷，孙星衍刊），指海本（七卷，钱熙祚校刻）。清代以后出现了一批校注本，如孙星衍《晏子春秋音义》、文廷式《晏子春秋校本》、近人张纯一《晏子春秋校注》（收入《诸子集成》），吴则虞《晏子春秋集释》（收入新编《诸子集成》）。

本书原文以明活字本及孙星衍刊经训堂本为主，校以其他旧刻本，并参考诸家校说及类书所引，反复比较，择善而从，以期使之尽可能接近于原貌。

陈涛

2015 年 12 月

目 录

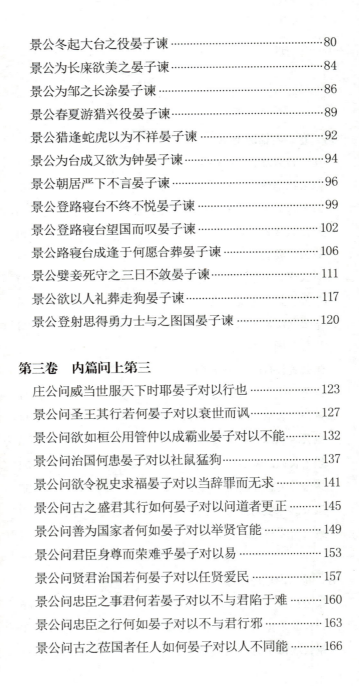

第五卷　内篇杂上第五

第六卷　内篇杂下第六

第七卷　　外篇第七

第八卷　　外篇第八

第一卷　内篇谏上第一

庄公矜勇力不顾行义晏子谏

　　《晏子春秋》共八卷二百一十五章，其中只有六章涉及齐庄公。本章针对庄公矜夸勇力、不顾行义的行为提出批评。晏子认为，勇力必须受礼义的约束，必须为实行礼义服务；作为国君，如果一味崇尚勇力，不顾及道义，必将落个国危身亡的下场。从中体现了晏子以礼义治国的主张。

庄公奋乎勇力①，不顾于行义。勇力之士，无忌于国，贵戚不荐善②，逼迩不引过③，故晏子见公。

【注释】

①庄公：齐庄公，名光，齐灵公之子，公元前553—前548年在位，为崔杼所杀，谥"庄"。奋：矜夸，夸耀。

②贵戚：指同姓的显贵大臣。不荐善：不进善言。

③逼迩：指近臣。不引过：指见过错不劝谏。引，称引。

【译文】

齐庄公矜夸勇力，不实行道义。有勇力的人在国内肆行无忌，同姓的显贵不进善言，宠幸的近臣不劝谏过错，所以晏子去见庄公。

公曰："古者亦有徒以勇力立于世者乎①？"

晏子对曰："婴闻之，轻死以行礼谓之勇，诛暴不避强谓之力。故勇力之立也，以行其礼义也。汤、武用兵而不为逆②，并国而不为贪，仁义之理也；诛暴不避强，替罪不避众③，勇力之行也。古之为勇力者，行礼义也。今上无仁义之理，下无替罪诛暴之行，而徒以勇力立于世，则诸侯行之以国危，匹夫行之以家残。昔夏之衰也，有推侈、大戏④；殷之衰也，有费仲、恶来⑤。足走千里，手裂兕虎⑥，任之以力，凌轹天下⑦，威戮无罪，崇尚勇力，不顾义理，是以桀、纣以灭，殷、夏以衰。今公自奋乎勇力，不顾乎行义，勇力之士，无忌于国，身立威强，行本淫暴，贵戚不荐善，逼迩不引过，反圣王之德，而循灭君之行⑧。用此存者，婴未闻有也。"

【注释】

①徒：仅仅，只。

②逆：叛逆。

③替：灭，废。

④推侈、大戏：都是夏桀时的勇力之士。

⑤费仲、恶来：都是商纣的谀臣，有勇力。

⑥兕（sì）虎：泛指猛兽。兕，犀牛。

⑦凌轹（lì）：欺压。

⑧循：沿着，顺着。

【译文】

庄公说："古代也有只凭借勇力就能在世上立身的人吗？"

晏子回答说："我听说过，奋不顾身实行礼叫做勇，诛伐凶暴不避豪强叫做力。所以勇力的树立，是为了实行礼义。商汤、周武王起兵不能算作叛逆，兼并诸侯不能算作贪婪，因为这是符合仁义的准则的；诛伐凶暴不避豪强，消灭罪恶不怕人多势众，这是树立勇力的行为。古代实践勇力的人，是在实行礼义。如今在上位的没有仁义的准则，在下位的没有消灭罪恶诛伐凶暴的行为，却只是凭借勇力在世上立身，那么，诸侯这样行事国家就有危险，平民这样行事家庭就受损害。从前夏朝衰微的时候，有推侈、大戏那样的勇力之人；殷商衰微的时候，有费仲、恶来那样的勇力之人。他们足行千里，徒手打死猛兽，凭着力气被任用，欺凌天下诸侯，杀戮无罪之人，崇尚勇力，不顾礼义，因此桀、纣被灭掉，夏、商也衰亡了。现在您矜夸勇力，不实行道义，有勇力的人在国内肆行无忌，靠威武强横立身，行为凶狠残暴，同姓的显贵不进善言，宠幸的近臣不劝谏过错，违反圣贤君王的道德，却步亡国之君的后尘。这样做而能保全自身的，我没听说有过。"

景公饮酒酲三日而后发晏子谏

　　晏子对齐景公喝醉酒三天不理朝政加以规劝，指出喝酒的目的应该是疏通气脉、娱乐宾客，而不该酗酒以妨害本职工作。因此，喝酒应该节制。

景公饮酒醒①，三日而后发②。

晏子见曰："君病酒乎？"

公曰："然。"

晏子曰："古之饮酒也，足以通气合好而已矣。故男不群乐以妨事，女不群乐以妨功③。男女群乐者，周觞五献④，过之者诛⑤。君身服之⑥，故外无怨治⑦，内无乱行。今一日饮酒而三日寝之，国治怨乎外，左右乱乎内⑧。以刑罚自防者，劝乎为非⑨；以赏誉自劝者，惰乎为善。上离德行，民轻赏罚，失所以为国矣。愿君节之也。"

【注释】

①景公：齐景公，名杵臼，庄公之子。公元前547—前490年在位。醒（chéng）：即下文所说的"病酒"，因喝醉了酒而神志不清。

②发：起，起身。

③功：事。指女工。

④周觞（shāng）五献：轮番往酒器里酌酒五次。觞，古代饮酒器皿，酒杯。献，向人敬酒。

⑤诛：责备。

⑥服：行，做。

⑦怨治：积压下来的政事。怨，通"蕴"，积聚。

⑧左右：指近侍、近臣。

⑨劝：努力。下句"自劝"之"劝"义为鼓励、勉励。

【译文】

景公喝酒喝得大醉，躺了三天以后才起来。

晏子谒见景公，说："您喝醉酒了吗？"

景公说："是的。"

晏子说："古时候喝酒，只是用来使气脉疏通、让客人快乐罢了。所以男子不聚会饮酒作乐以致妨害本业，妇女不聚会饮酒作乐以致妨害女工。男子妇女聚会饮酒作乐的，只轮番敬五杯酒，超过五杯的要受责备。君主身体力行，所以朝外没有积压下来的政事，宫内没有混乱的行为。现在您一天喝了酒，三天睡大觉，国家的政事在朝外积压下来，您身边的人在宫内胡作非为。用刑罚防止自己去干坏事的，因为刑罚不公正，都纷纷去干坏事；用赏誉勉励自己去做好事的，因为奖赏不公正，都懒于去做好事。君主违背道德，百姓看轻赏罚，这就丧失了治理国家的办法。希望您喝酒加以节制！"

景公饮酒七日不纳弦章之言晏子谏

　　本章写晏子以似褒扬实贬抑的话语谏止景公酗酒，表现了晏子高超的劝谏艺术。

景公饮酒，七日七夜不止。

弦章谏曰①："君饮酒七日七夜，章愿君废酒也。不然，章赐死。"

晏子入见，公曰："章谏吾曰：'愿君之废酒也。不然，章赐死。'如是而听之，则臣为制也②；不听，又爱其死③。"

晏子曰："幸矣，章遇君也！今章遇桀、纣，章死久矣。"于是公遂废酒。

【注释】

①弦章：又作"弦商"，齐景公臣。

②臣为制：臣子成为制约君主的人，即君主为臣子所制约。

③爱：舍不得。

【译文】

景公喝酒，喝了七天七夜都不停止。

弦章劝谏说："您喝酒喝了七天七夜，我希望您停止喝酒。不然的话，我请求您赐我一死。"

晏子进宫谒见景公，景公说："弦章劝谏我说：'希望您停止喝酒。不然的话，我请求您赐我一死。'就这样听从了他的劝谏，那就是被臣子制约了；如果不听从他的劝谏，又不舍得他死。"

晏子说："弦章遇上您真是太幸运了！假如让弦章遇上桀、纣那样的君主，弦章早就死了。"于是景公就停止了喝酒。

景公燕赏无功而罪有司晏子谏

　　景公凭一己的喜爱行赏，并认为喜爱谁便让他得利、厌恶谁就疏远他是为君之道。晏子首先指出，君主公正而臣子服从叫做顺从，君主邪僻而臣子服从叫做背逆。就是说，臣对君不可盲从，应以正、邪为断。然后论述喜爱、厌恶的目的是劝善、禁暴，而判定的标准是"利于国"或"害于国"。只有这样，社会才能清平安定，百姓才能和乐团聚。

景公燕赏于国内^①，万钟者三^②，千钟者五，令三出而职计莫之从^③。公怒，令免职计，令三出而士师莫之从^④。公不说^⑤。

【注释】

①燕：通"宴"，用酒饭招待人。

②万钟者：享有万钟俸禄的人。钟，古代量器，六斛（十斗为一斛）四斗为一钟。此处作量词。

③职计：官职名，掌财物。

④士师：官职名，掌刑罚。

⑤说：同"悦"。

【译文】

景公宴请赏赐国内臣子，赏给万钟俸禄的三个人，千钟俸禄的五个人，赏赐的命令下达多次，可是掌财物的职计却不听从。景公大怒，命令罢免职计的官职，命令下达多次，可是掌刑罚的士师却不听从。景公很不高兴。

晏子见，公谓晏子曰："寡人闻君国者^①，爱人则能利之，恶人则能疏之^②。今寡人爱人不能利，恶人不能疏，失君道矣。"

晏子曰："婴闻之，君正臣从谓之顺，君僻臣从谓之逆。今君赏谗谀之民，而令吏必从，则是使君失其道，臣失其守也^③。先王之立爱，以劝善也；其立恶，以禁暴也。昔者三代之兴也^④，利于国者爱之，害于国者恶之。故明所爱而贤良众，明所恶而邪僻灭，是以天下治平，百姓和集。及其衰也，行安简易，身安逸乐，顺于己者爱之，逆于己者恶之。故明所爱而邪僻繁，明所恶而贤良灭，离散百姓，危覆社稷。君上不度圣王之兴⑤，而下不观惰君之衰，臣惧君之逆政之行，有司不敢争⑥，以覆社稷，危宗庙。"

公曰："寡人不知也。请从士师之策。"

【注释】

①君国：当国家君主。

②恶（wù）：厌恶。

③守：职守。

④三代：指夏、商、周。

⑤度（duó）：思忖，考虑。

⑥有司：有关官吏。古代官府分曹理事，职有专司，所以把专管某项工作的官吏叫"有司"。争：通"诤"，直言规劝。

【译文】

晏子去见景公，景公对晏子说："我听说当国家君主的，喜爱谁就能让他有利，厌恶谁就能疏远他。现在我喜爱谁却不能让他有利，厌恶谁却不能疏远他，这是失去当君主的准则了。"

晏子说："我听说过，君主公正、臣子服从叫做顺从，君主邪僻、臣子服从叫做背逆。现在您赏赐谗佞谄谀之人，却让官吏一定服从，那么，这就是让君主失去当君主的准则，让臣子失去当臣子的职守了。先王之所以确立要喜爱人，是为了用来鼓励行善；之所以确立要厌恶人，是为了用来禁止凶暴。从前夏、商、周三代兴盛的时候，对国家有利的人，君主就喜爱他；对国家有害的人，君主就厌恶他。所以，明确了所喜爱的，因而天下贤良的人就多了；明确了所厌恶的，因而邪僻的人就灭绝了，因此天下清明安定，百姓和乐团聚。等到夏、商、周三代衰落的时候，君主的行为安于简慢轻忽，自身安于放纵享乐。顺从自己的人，君主就喜爱他；违背自己的人，君主就厌恶他。所以，明确了所喜爱的，邪僻的人就多了；明确了所厌恶的，贤良的人就灭绝了，百姓弄得流离失散，国家遭到倾覆危险。您上不思考圣贤的君主兴盛的原因，下不审察荒怠的君主衰亡的教训，我担心您实行暴政的时候，主管官吏们不敢谏诤，因而使国家倾覆，使宗庙危险。"

景公说："我不知道这些道理啊，请按士师掌握的原则办。"

国内之禄，所收者三也。

【译文】
国内邪僻之人的俸禄，分三次予以收回。

景公爱嬖妾随其所欲晏子谏

　　景公听信宠妾请托，要给能用十六匹马驾车的驭手以丰厚的俸禄。对此，晏子提出了尖锐的批评，指出国君不顾百姓死活，只图耳目之乐，不厚禄贤人而厚禄御夫，是与民为仇的行为，有亡国的危险。

翟王子羡臣于景公以重驾①，公观之而不说也。嬖人婴子欲观之②，公曰："及晏子之寝病也③，居囿中台上以观之④。"婴子说之，因为之请曰："厚禄之。"公许诺。

【注释】

①翟王子羡：翟王的儿子名叫羡。重（chóng）驾：指用十六匹马驾车。

②嬖（bì）人：受宠爱的人。婴子：景公妾。

③寝病：有病卧床不起。

④囿（yòu）：养动物的园子。

【译文】

翟王的儿子翟羡靠能用十六匹马驾车当了景公的臣子，景公看他驾车，很不喜欢。景公的宠妾婴子想要观看，景公说："等晏子有病卧床不起的时候，婴子站在园子里的高台上观看。"看了以后很喜欢，于是就替翟羡请求说："给他优厚的俸禄。"景公答应了。

晏子起病而见公，公曰："翟王子羡之驾，寡人甚说之，请使之示乎①？"

晏子曰："驾御之事，臣无职焉。"

【注释】

①示：让……看。

【译文】

晏子病愈后谒见景公，景公说："翟王的儿子翟羡驾车，我很喜欢，让他驾给你看看吗？"

晏子说："驾驭车马的事，不在我的职权范围之内。"

公曰："寡人一乐之，是欲禄之以万钟，其足乎？"

对曰："昔卫士东野之驾也，公说之，婴子不说，公曰不说，遂不观。今翟王子羡之驾也，公不说，婴子说，公因说之。为请，公许之。则是妇人为制也。且不乐治人而乐治马，不厚禄贤人而厚禄御夫。昔者先君桓公之地狭于今，修法治，广政教，以霸诸侯。今君一诸侯无能亲也，岁凶年饥①，道途死者相望也。君不此忧耻②，而惟图耳目之乐；不修先君之功烈，而惟饰驾御之伎。则公不顾民而忘国甚矣。且《诗》曰：'载骖载驷，君子所诫③。'夫驾八固非制也④，今又重此，其为非制也，不滋甚乎⑤？且君苟美乐之，国必众为之。田猎则不便⑥，道行致远则不可，然而用马数倍，此非御下之道也⑦。淫于耳目⑧，不当民务⑨，此圣王之所禁也。君苟美乐之，诸侯必或效我，君无厚德善政以被诸侯⑩，而易之以僻，此非所以子民、彰名、致远、亲邻国之道也⑪。且贤良废灭，孤寡不振⑫，而听嬖妾以禄御夫，以蓄怨，与民为雠之道也⑬。《诗》曰：'哲夫成城，哲妇倾城⑭。'今君不思成城之求，而惟倾城之务⑮，国之亡日至矣。君其图之！"

公曰:"善。"遂不复观,乃罢归翟王子羡,而疏嬖人婴子。

【注释】

①凶:年成不好。饥:庄稼歉收。

②不此忧耻:不以此为忧、为耻。

③"载骖"二句:所引诗句见《诗·小雅·采菽》。载,则。骖,三匹马驾一辆车。驷,四匹马驾一辆车。诚,今本作"届",至,到。

④驾八固非制:古制,天子驾六马(夏)或四马(商、周),所以这里说"驾八固非制"。

⑤滋:益,更加。

⑥田猎:打猎。田,同"畋"。

⑦御下:指管理人民。

⑧淫:过度。

⑨当:任,担任。

⑩被:施加,加在……上。

⑪子民:以民为子,把百姓当成自己的孩子。致远:让远方之人来归附。

⑫振:救济。

⑬雠(chóu):仇敌。

⑭"哲夫"二句:所引诗句见《诗·大雅·瞻卬》。哲,明智。倾,倾覆。

⑮务:致力,从事。

【译文】

景公说："我对他驾车感到很高兴，想要给他万钟俸禄，大概够了吧？"

晏子回答说："过去卫国人姓东野的驾车，您很喜欢，可是婴子不喜欢，您也说不喜欢，于是就不再看他驾车。现在翟王的儿子翟羡驾车，您不喜欢，可是婴子喜欢，您于是也就喜欢了。婴子替他请求俸禄，您就答应了。那么，这就是被妇人制约了。况且不乐于治理人民，却喜欢调理马匹；不给贤德的人优厚的俸禄，却给赶车的人优厚的俸禄。从前我们的先君桓公的领土比现在狭小，他整顿法纪，推广政教，因而称霸诸侯。现在您不能让一个诸侯亲附，年成不好，道路上饿死的人随处可见。您不以此为忧，不以此为耻，却只顾贪图享乐；不继承先君的功业，却只讲求驾驭车马的技巧。那么，您不关心百姓疾苦、忘掉国家盛衰也太过分了。况且《诗》上说：'三匹马驾车四匹马驾车，是诸侯到来了。'用八匹马驾车，本来就不符合制度了，现在又用十六匹马驾车，这样，不符合制度不是更严重了吗？况且您如果以此为美，以此为乐，国内一定有很多人这样做。驾这么多马去打猎就很不方便，到远方去就更不可以，可是使用的马匹却多了几倍，这不是驾驭臣下的办法。过分追求享乐，不妥善处理百姓的事务，这是圣贤的君主所禁止的。您如果以此为美，以此为乐，诸侯一定有人效法我们，您没有淳厚的道德、美好的政治施加于诸侯，却用邪僻的行为来影响他们，这不是爱民如子、使名声显赫、使远人归附、使邻国亲近的办法。况且贤良的人被废弃，孤儿寡妇不得救济，却听信宠妾的话增加赶车人的俸禄，从而加深人民的怨恨，这是与人民为敌的行为。《诗》上说：'聪明的男子可以使国家稳固，聪明的女子却能使国家倾覆。'现在您不考虑如何让国家稳固，却只干些使国家倾覆的事。国家灭亡的日子就要到了。希望您好好考虑考虑！"

景公说："您说得好。"于是不再观看驾车，罢免黜退了翟王的儿子翟羡，而且疏远了婴子。

景公病久不愈欲诛祝史以谢晏子谏

　　景公患病经年不愈，要杀死为之祈祷的两个官吏。晏子用推导的方法指出，如果认为祈祷能给人带来好处，那么诅咒也会给人带来害处。君主疏远贤臣，不行仁政，民怨沸腾，诅咒者众多，两个人祈祷，如何敌得过全国人诅咒？关键还是要重人事，亲贤臣，远谗人。

景公疥且疟，期年不已①。召会谴、梁丘据、晏子而问焉曰②："寡人之病病矣③，使史固与祝佗巡山川宗庙④，牺牲珪璧莫不备具⑤，数其常多先君桓公，桓公一则寡人再⑥。病不已，滋甚。予欲杀二子者以说于上帝⑦，其可乎？"会谴、梁丘据曰："可。"晏子不对。公曰："晏子何如？"晏子曰："君以为祝有益乎？"公曰："然"。

【注释】

①期（jī）年：一整年。

②会谴、梁丘据：都是齐景公臣。

③病病：前"病"义为疾病，后"病"义为病重。

④史固：史是官职，固是人名。祝佗：祝是官职，佗是人名。山川：指山川之神。

⑤牺牲：祭祀用的牛羊猪之类。珪璧：都是玉器，供祭祀用。

⑥再：二。

⑦说：同"悦"，取悦。

【译文】

景公生了疥疮，接着又患了疟疾，病了一年也不好。就召见会谴、梁丘据、晏子，问他们说："我的病严重了，派史官固和祝官佗去祭祀山川之神和祖宗神灵，牛羊猪和珪璧等祭品全都准备了，数量比先君桓公多，桓公用一份祭品，我用两份祭品。病不见好，而且更严重了。我想杀掉这两个人来取悦天帝，大概可以吧？"会谴、梁丘据说：

"可以。"晏子不回答。景公说:"晏子的意见怎么样?"晏子说:"您认为祈祷有好处吗?"景公说:"是的。"

晏子免冠曰①:"若以为有益,则诅亦有损也。君疏辅而远拂②,忠臣拥塞③,谏言不出。臣闻之,近臣默,远臣喑④,众口铄金⑤。今自聊、摄以东⑥,姑、尤以西,此其人民众矣。百姓之咎怨诽谤⑦,诅君于上帝者多矣。一国诅,两人祝,虽善祝者,不能胜也。且夫祝直言情则谤吾君也,隐匿过则欺上帝也。上帝神⑧,则不可欺;上帝不神,祝亦无益。愿君察之也。不然,刑无罪,夏、商所以灭也。"

公曰:"善解予惑。加冠!"

【注释】

①免冠:摘掉帽子,是尊敬的表示。

②拂:通"弼",辅佐。此指辅佐之人。

③拥塞:阻塞。指被隔绝。

④喑(yīn):哑。

⑤铄(shuò):销熔。

⑥聊、摄:都是地名,齐的西部边界。下句的"姑"、"尤"都是齐水名,绕流齐东界。

⑦诽谤:批评指责。

⑧神:灵验。

【译文】

晏子摘掉帽子以示恭敬，说："如果认为祈祷有好处，那么诅咒也会对人有损害了。您疏远辅佐的人，忠臣被阻隔，劝谏的话没人说。我听说过，身边的臣子默不作声，外边的臣子哑口无言，众人的话能熔化黄金。现在从齐西界聊、摄以东，齐东界姑水、尤水以西，整个齐国人多极了。百姓当中怨恨您批评您，向天帝诅咒您的人多极了。全国人诅咒，两个人祈祷，即使善于祈祷的人，也不能胜过诅咒的人。再说祝官如果直率地讲实情，那就是批评我们君主；如果隐瞒您的过错，那就是欺骗天帝。天帝如果灵验，就不可欺骗；天帝如果不灵验，那么祈祷也没有好处。希望您明察这些。否则，杀戮无罪的人，这是夏、商所以灭亡的原因啊。"

景公说："您善于解除我的疑惑，请戴上帽子！"

命会谴毋治齐国之政，梁丘据毋治宾客之事①，兼属之乎晏子。晏子辞，不得命②，受。相退，把政③。改月④，而君病悛⑤。

【译文】

景公下令会谴不要再治理齐国的政事，梁丘据不要再处理接待诸侯宾客的事务，把这些事全都交给晏子处理。晏子推辞，没有得到允许，这才接受了。会谴、梁丘据都让出了职务，晏子执掌国政。转过月来，君主的病就痊愈了。

公曰："昔吾先君桓公以管子为有功，邑狐与谷^①，以共宗庙之鲜^②。赐其忠臣，则是多忠臣者。子今忠臣也，寡人请赐子州款^③。"

辞曰："管子有一美，婴不如也；有一恶，婴不忍为也，其宗庙之养鲜也。"终辞而不受。

【注释】

①狐、谷：狐邑、谷邑，两邑名。

②鲜：新宰杀的鸟兽的肉。

③州款：邑名。

【译文】

景公说："从前我们先君桓公认为管仲有功劳，给了他狐邑和谷邑做食邑及狩猎之地，依例供给祭祀宗庙用的野兽。赏赐忠臣，那就是赞美忠臣。现在您是忠臣，请让我赏赐给您州款做食邑。"

晏子谢绝说："管子有一个优点，我不如他；有一个缺点，我不忍心那样做，他竟为宗庙饲养供宰杀的禽兽。"终于谢绝了，没有接受。

景公怒封人之祝不逊晏子谏

　　景公对邑人祝愿自己"无得罪于民"颇不以为然，晏子由夏桀、商纣被诛杀的史实，总结出"民诛"的观点，即君主如果暴虐无道获罪于百姓，百姓便得以起而诛之。"民诛"观点的提出，不但是对国君，即便对整个统治阶级，都是严正的警告。这比荀子"载舟覆舟"比喻的提出，时间上要早得多。

　　景公游于麦丘^①，问其封人曰^②："年几何矣？"对曰："鄙人之年八十五矣^③。"公曰："寿哉！子其祝我！"封人曰："使君之年长于胡^④，宜国家^⑤。"公曰："善哉！子其复之！"曰："使君之嗣寿皆若鄙臣之年。"公曰："善哉！子其复之！"封人曰："使君无得罪于民！"公曰："诚有鄙民得罪于君则可^⑥，安有君得罪于民者乎？"

　　晏子谏曰："君过矣。彼疏者有罪，戚者治之^⑦；贱者有罪，贵者治之；君得罪于民，谁将治之？敢问：桀、纣，君诛乎，民诛乎？"

　　公曰："寡人固也^⑧。"于是赐封人麦丘以为邑。

【注释】

①麦丘：齐城邑名。

②封人：管理疆界的官。这里指邑人。

③鄙人：谦称自己。

④胡：指齐之先君胡公静。因其享国久，所以用为祝辞。

⑤宜国家：对国家有利。宜，合适。

⑥诚：确实。

⑦戚者：亲近的人。

⑧固：固陋，不通达。

【译文】

　　景公出游到了麦丘，问邑人说："你年纪多大了？"邑人回答说："鄙人八十五岁了。"景公说："真长寿啊！你祝愿祝愿我吧！"邑人说："让您寿命比齐国先君胡公静还长，以利于国家。"景公说："好啊！你再祝愿祝愿吧！"邑人说："让您的后嗣都像我这么大年纪。"景公说："好啊！你再祝愿祝愿吧！"邑人说："让您不要得罪百姓！"景公说："确实有百姓得罪君主的，哪里有君主得罪百姓的呢？"

晏子听后劝谏说："您错了。那些疏远的人有罪，亲近的人去处治他们；低贱的人有罪，尊贵的人去处治他们；君主得罪了百姓，谁将处治他们呢？我冒昧地问一问：夏桀和商纣，是被君主杀的呢，还是被百姓杀的呢？"

景公说："我太固鄙了。"于是把麦丘赏赐给邑人做食邑。

景公欲使楚巫致五帝以明德晏子谏

　　景公听信楚国巫者之言，想让五帝之神帮助自己彰明道德，降福给自己，以成就帝王之业，并为此举行斋戒活动。晏子对此给予批评，指出：古代成就帝王之业的人，道德淳厚，品行广博，不慢行而繁祭，不轻身而恃巫，因此能得到人民的拥戴。如今齐国政治混乱，行为邪僻，抛弃贤人，信用巫者，绝难成就帝王之业。这种重人事轻鬼神的思想是难能可贵的。

楚巫微导裔款以见景公①，侍坐三日②，景公说之。楚巫曰："公，明神之主，帝王之君也。公即位十有七年矣，事未大济者③，明神未至也。请致五帝以明君德。"景公再拜稽首④。楚巫曰："请巡国郊以观帝位。"至于牛山而不敢登⑤，曰："五帝之位在于国南，请斋而后登之。"公命百官供斋具于楚巫之所，裔款视事⑥。

【注释】

①楚巫微：楚国的巫者名叫微。巫，古代以舞降神代人祈祷的人。裔款：齐景公臣。

②侍坐：在尊者旁边陪伴侍奉。

③济：成，成功。

④稽（qǐ）首：古代一种最隆重的跪拜礼，叩头至地。

⑤牛山：山名，在临淄南。

⑥视事：治事。指处理斋戒之事。

【译文】

　　楚国的巫者微由裔款引导去见景公，陪伴了三天，景公很喜欢他。楚国巫者说："您是英明神圣的君主，是可以称帝称王的君主。您在位十七年了，可是事业没有取得大成就，这是因为神明没有来帮助您。请让我请来五帝之神，以便使您的圣德彰明。"景公听罢拜了两拜，叩头于地。楚国巫者说："请让我到都城郊外去巡行，以便观察五帝之神的方位。"到了牛山，可是不敢登上去，说："五帝之神的方位在城南，请斋戒以后再登上去。"景公命令群臣百官供给斋戒用的东西，送到楚国巫者的住所去，让裔款处理斋戒事务。

晏子闻而见于公曰："公令楚巫斋牛山乎？"

公曰："然。致五帝以明寡人之德，神将降福于寡人，其有所济乎！"

晏子曰："君之言过矣。古之王者，德厚足以安世，行广足以容众。诸侯戴之，以为君长；百姓归之，以为父母。是故天地四时，和而不失；星辰日月，顺而不乱。德厚行广，配天象时①，然后为帝王之君，明神之主。古者不慢行而繁祭②，不轻身而恃巫③。今政乱而行僻，而求五帝之明德也；弃贤而用巫，而求帝王之在身也。夫民不苟德④，福不苟降。君之帝王，不亦难乎？惜夫！君位之高，所论之卑也。"

【注释】

①配天象时：指与天地合德，与四时相符。

②慢行：行为怠惰。

③轻身：轻视自身的努力。

④苟德：随便感恩戴德。苟，随便，不严肃。

【译文】

晏子听到这事以后，就去见景公，说："您让楚国巫者在牛山那里斋戒吗？"

景公说："是的。想请五帝之神来帮助我，以便让我的道德彰明，神灵将降福给我，大概会对我有所补益吧！"

晏子说："您的话错了。古代称王的，道德淳厚，足以使社会安定；品行广博，足以包容众人。诸侯们爱戴他，把他当成君长；百姓们归附他，把他当成父母。因此，天地四时，和谐而不失次序；日月星辰，依次运行而不混乱。道德淳厚，品行广博，与上天同德，与四时相符，然后才能成为称帝称王的国君，成为英明神圣的君主。古时候不行事简慢而祭祀频繁，不轻视自身的努力而依仗巫者的求福。现在政治混乱，行为邪僻，却祈求五帝之神使自己道德彰明；抛弃贤人，任用巫者，却祈求古代帝王帮助自己。百姓不会随便对君主感恩戴德，福不会随便降到君主身上。您想称帝称王，不是很难吗？可惜啊！您的地位很高贵，可是言论却很卑下。"

公曰："裔款以楚巫命寡人曰：'试尝见而观焉。'寡人见而说之，信其道，行其言。今夫子讥之①，请逐楚巫而拘裔款。"

晏子曰："楚巫不可出。"公曰："何故？"对曰："楚巫出，诸侯必或受之。今信之以过于内，不知②；出以易诸侯于外③，不仁。请东楚巫而拘裔款。"公曰："诺④。"故曰送楚巫于东，而拘裔款于国也。

【注释】

①讥：批评。

②知：同"智"，聪明。

③易诸侯：使诸侯轻信。

④诺：应答声。

【译文】

景公说："裔款把楚国巫者推荐给我，说：'您姑且见见他，观察观察他。'我见了他，很喜欢他，相信了他的道术，按照他的话做了。现在先生您批评我，请让我驱逐楚国巫者，拘捕裔款。"

晏子说："楚国巫者不能驱逐出去。"景公说："为什么？"晏子回答说："如果楚国巫者被驱逐出去，其他诸侯必定有人收留他。您相信了他，因而在国内铸成过错，这是不明智的；驱逐他出境，让其他诸侯轻信他的话，这是不仁德的。请您把楚国巫者迁移到东方海滨去，拘捕裔款。"景公说："好吧。"当即把楚国巫者送到东方海滨去，同时把裔款拘捕在都城里。

景公欲祠灵山河伯以祷雨晏子谏

　　久旱不雨本是自然现象，景公却听信卜者之言，想去祭祀灵山、河伯以除灾。晏子以天久不雨因而对灵山、河伯同样有害为据，说明祭祀灵山、河伯无益，从而制止了祭祀活动。

齐大旱逾时①，景公召群臣问曰："天不雨久矣，民且有饥色。吾使人卜，云祟在高山广水②。寡人欲少赋敛以祠灵山③，可乎？"

群臣莫对。晏子进曰："不可，祠此无益也。夫灵山固以石为身④，以草木为发。天久不雨，发将焦，身将热，彼独不欲雨乎？祠之无益。"

【注释】

①逾时：超过了季节。

②祟：作祟，指降下灾祸。

③灵山：指有灵应的山。

④固：本来。

【译文】

齐国遇到大旱，过了下雨的季节仍不下雨，景公召集群臣问道："天不下雨已经很长时间了，百姓将有饥饿之色。我让人占卜，说是高山大河之神降下的灾祸。我想稍微征收点赋税，用这些钱财祭祀灵山，可以吗？"

群臣没有人回答。晏子上前回答说："不可以。祭祀灵山没有好处。灵山本来以石头为身躯，以草木为毛发。天很长时间不下雨，它的毛发将被晒焦，身躯将被晒热，它难道就不希望下雨吗？所以祭祀它没有好处。"

公曰："不然①，吾欲祠河伯②，可乎？"

晏子曰："不可。河伯以水为国，以鱼鳖为民，天久不雨，泉将下，百川竭，国将亡，民将灭矣，彼独不欲雨乎？祠之何益？"

【注释】
①不然：不这样。
②河伯：河神名。河，黄河。
【译文】
景公说："如果不祭祀灵山，我想去祭祀河神，可以吗？"

晏子说："不可以。河神以水为国家，以鱼鳖为百姓。天很长时间不下雨，泉水将下降，川流将干枯，它的国家将灭亡，它的百姓将灭绝，它难道就不希望下雨吗？祭祀它有什么好处？"

景公曰："今为之奈何？"
晏子曰："君诚避宫殿暴露①，与灵山河伯共忧，其幸而雨乎！"

【注释】
①避宫殿：离开宫殿。暴（pù）露：指住在露天下。
【译文】
景公说："那么现在应该怎么办？"
晏子说："您如果离开宫室，到露天居住，跟灵山河神共同为干旱忧虑，或许侥幸能下雨吧！"

于是景公出，野居暴露。三日，天果大雨，民尽得种时①。景公曰："善哉，晏子之言！可无用乎？其维有德。"

【注释】

①种时：播种。时，通"莳"，种植。

【译文】

于是景公出宫，到野外住在露天下。过了三天，天果然下了大雨，百姓全都得以播种了。景公说："晏子的话真好啊！怎么可以不听他的呢？他是有功德的。"

景公贪长有国之乐晏子谏

　　景公想长久地保住国家并传给子孙后代。晏子认为，君主只有自始至终做善事，才能长久地保住国家。他以齐桓公的事例为证，阐明始终为善的重要：当桓公任用贤人、崇尚道德时，被灭亡的诸侯国靠了他得以保存，处境危险的诸侯国靠了他得以安定，百姓都喜欢他的政令，世人都推崇他的品德；当他晚年道德荒怠、纵情享乐、任用谗佞时，百姓都对他的政令感到痛苦，世人都责备他的品行，最后落得个身死不得发丧的下场。批评景公面对百姓如同面对仇敌，躲避善行如同躲避炎热，政治混乱，危及贤人，违背民心，祸将及身。告诫景公要加以节制。

景公观于淄上①，与晏子闲立。公喟然叹曰②："呜呼！使国可长保而传于子孙，岂不乐哉？"

晏子对曰："婴闻明王不徒立，百姓不虚至。今君以政乱国、以行弃民久矣，而声欲保之，不亦难乎？婴闻之，能长保国者，能终善者也③。诸侯并立，能终善者为长；列士并学④，能终善者为师。昔先君桓公，其方任贤而赞德之时，亡国恃以存，危国仰以安，是以民乐其政，而世高其德。行远征暴，劳者不疾⑤；驱海内使朝天子⑥，而诸侯不怨。当是时，盛君之行不能进焉⑦。及其卒而衰，怠于德而并于乐，身溺于妇侍，而谋因竖刁⑧，是以民苦其政，而世非其行。故身死于胡宫而不举⑨，虫出而不收⑩。当是时也，桀、纣之卒不能恶焉。《诗》曰：'靡不有初，鲜克有终⑪。'不能终善者，不遂其君⑫。今君临民若寇雠⑬，见善若避热，乱政而危贤，必逆于众。肆欲于民，而诛虐于下，恐及于身。婴之年老，不能待于君使矣。行不能革⑭，则持节以没世耳⑮。"

【注释】

①淄上：淄水岸边。上，边，畔。
②喟（kuì）然：叹气的样子。
③终善：始终为善。
④列士：众多读书人。列，众。
⑤劳者：受劳苦的人。疾：痛恨。

⑥海内：四海之内。此指全国诸侯。

⑦进：超过。

⑧竖刁：内竖名叫刁，齐桓公时的宦官。桓公死后，与易牙等作乱。

⑨胡宫：一名寿宫，齐宫室名。不举：指不能发丧。

⑩虫出：尸虫出户。《史记·齐世家》载，因竖刁等人为乱，桓公尸体停在床上六十日，尸虫从门口爬了出来。

⑪"靡不"二句：所引诗句见《诗·大雅·荡》。大意是：没有谁做善事没有一个开始，但很少有能坚持到底的。靡，没有谁。初，开始。鲜，少。克，能够。

⑫不遂其君：不能终其君位。遂，终，完了。

⑬寇雠：仇敌。

⑭革：更改。

⑮持节：加以节制。没世：等于说"终其一生"。

【译文】

　　景公到淄水边观赏，跟晏子悠闲地站在岸边。景公叹息着说："哎！假如国家可以长期保持住，并且传给子孙后代，难道不是很高兴吗？"

　　晏子回答说："我听说英明的君主不是随随便便就能当的，百姓不是平白无故就来归附的。现在您用政令把国家搞乱、用行为把百姓丢失掉已经很长时间了，可是还说想保持住国家，不是很难吗？我听说过，能够长期保持住国家的，是能够始终行善的人。各国诸侯并存，能够始终行善的才能当首领；众多读书人一块学习，能够始终行善的才能当老师。从前我们的先君桓公，当他任用贤人崇尚道德的时候，被灭亡的国家靠了他才得以恢复，处境危险的国家依仗他才得以安定，因此人民喜欢他的政令，世人推崇他的道德。他去远方征讨残暴的人，受劳苦的人都不痛恨他；驱使天下诸侯让他们去朝拜周天子，诸侯们都不怨恨他。这时，盛德之君的行为也不能超过他。等到他最后衰微的时候，道德荒怠，纵情享乐，自身沉溺于女色，谋划全靠竖刁，因此人民对他的政令感到痛苦，世人都责备他的品行。所以他自己死在胡宫里而不能发丧，尸体生的蛆虫爬出门外而得不到收殓。这时，夏桀、商纣的死亡也不能比这更悲惨了。《诗》上说：'没有谁向善没个开始，很少有人能坚持到底。'不能行善到底的，不能始终做君主。现在您面对人民就像面对仇敌一样，看见善行就像躲避炎热一样，搞乱了政治，危害到贤人，必定违背民心。对人民随心所欲地搜刮财物，对下属残暴地诛杀，恐怕您自身要赶上祸患的。我年老了，不能供您使唤了。您的行为如果不能改变，那就加以节制，以便终生保持住国家。"

景公登牛山悲去国而死晏子谏

　　有生则有死，本是生命的必然规律，景公却为终将身死而悲伤。两个谄谀之臣也陪着哭泣。晏子指出，贤德之君、勇武之君尚且不能永远守住国家，终究要死去，何况不仁之君呢！

　　景公游于牛山①，北临其国城而流涕曰："若何滂滂去此而死乎②？"艾孔、梁丘据皆从而泣，晏子独笑于旁。公刷涕而顾晏子曰③："寡人今日游，悲，孔与据皆从寡人而涕泣，子之独笑，何也？"

　　晏子对曰："使贤者常守之，则太公、桓公将常守之矣④；使勇者常守之，则灵公、庄公将常守之矣⑤。数君者将常守之，则吾君安得此位而立焉？以其迭处之⑥，迭去之，至于君也；而独为之流涕，是不仁也。不仁之君见一，谄谀之臣见二，此臣之所以独窃笑也⑦。"

【注释】

①牛山：山名，在山东临淄南。

②滂滂：本是水流大的样子。这里形容严整强大。按《韩诗外传》卷十引作"奈何去此堂堂之国而死乎"。

③刷：擦拭。

④太公：齐太公姜尚，齐国始封君。

⑤灵公：齐灵公，名环，庄公之父，公元前581—前554年在位。

⑥迭：更迭，轮流。

⑦窃：私下。

【译文】

　　景公到牛山上游玩，向北望着齐国都城流下了眼泪，说："为什么要离开这堂堂大国而死呢？"艾孔、梁丘据都陪着哭泣，只有晏子在一旁独自发笑。景公擦掉眼泪，回头看着晏子说："我今天出游很悲伤，艾孔和梁丘据都陪着我流下了眼泪，您却独自发笑，这是为什么？"

晏子回答说："假使贤德的人永远守住国家，那么太公、桓公将会永远守住国家；假使勇武的人永远守住国家，那么灵公、庄公将会永远守住国家。这几位君主假若能常守国家，那么您怎么能得到这个位置而为君主呢？因为他们交替当君主，交替离开君位，这才传到您这里；可是只有您为此而流泪，这是不仁德的。我看到了一位不仁德的君主，看到了两个阿谀谄媚的臣子，这就是我独自私下发笑的原因啊。"

景公游公阜一日有三过言晏子谏

　　景公一连三次讲错话，晏子分别予以批评。针对景公长生不死的幻想，晏子指出，不管是仁者还是不仁者，最终都会死，这是自然规律。关于君臣之间"和"与"同"的问题，晏子的论述更为精辟。他以调和五味为喻："君甘则臣酸，君淡则臣咸。"意思是，臣不应一味顺从君、投其所好，而应进逆耳忠言，匡君过失，这才叫和谐；如果"君甘亦甘"，一味顺从君，那只能叫做"同"。在对待彗星等异常天象问题上，晏子虽然也认为是上天用以警示下民的，但他更强调人为的努力：君主如果修文德，任贤人，远谗佞，灾星自然会消失。

景公出游于公阜①，北面望②，睹齐国，曰："呜呼！使古而无死，何如？"晏子曰："昔者上帝以人之没为善③，仁者息焉，不仁者伏焉。若使古而无死，太公、丁公将有齐国④，桓、襄、文、武将皆相之⑤，君将戴笠衣褐⑥，执铫耨以蹲行畎亩之中⑦，孰暇患死？"公忿然作色，不说。

【注释】

①公阜：齐地名。

②北面：面向北。

③没：通"殁"，死。

④丁公：名伋，太公之子。

⑤桓、襄、文、武：都是齐国国君。相：当相。

⑥褐：粗毛编织的衣服，古代平民所穿。

⑦铫耨（qiāonòu）：泛指农具。铫，大锄。耨，短把儿的锄，小手锄。畎（quǎn）亩：田野。

【译文】

　　景公到公阜游玩，向北望去，看到了齐国都城，说："哎！假使自古以来没有死亡，该怎么样呢？"晏子说："从前天帝把人的死亡当成好事，仁德的人可以在地下安息，不仁德的人可以在地下藏伏。假如自古以来没有死亡，那么太公、丁公将永远享有齐国，桓公、襄公、文公、武公都只能做他们的相，您将戴着斗笠，穿着布衣，手持农具，在田野里劳作，哪里还有工夫忧虑死亡呢？"景公气忿地变了脸色，很不高兴。

无几何^①，而梁丘据御六马而来。公曰："是谁也？"晏子曰："据也。"公曰："何知？"曰："大暑而疾驰，甚者马死，薄者马伤，非据孰敢为之？"公曰："据与我和者夫^②！"晏子曰："此所谓同也^③。所谓和者，君甘则臣酸，君淡则臣咸^④。今据也，君甘亦甘，所谓同也，安得为和？"公忿然作色，不说。

【注释】

①无几何：没多久。

②和：和谐。

③同：相同。指所好相同。

④"君甘"二句：比喻说法，意谓臣不应一味顺从君，而应匡其过失，这样才能配合好。

【译文】

没多久，梁丘据驾着六匹马拉的车从远处来了。景公说："这人是谁呀？"晏子说："是梁丘据。"景公说："您怎么知道的？"晏子说："天气酷热却赶马奔驰，严重的马会死掉，轻的马也会受伤，如果不是梁丘据，谁敢这么干？"景公说："梁丘据是跟我和谐的人啊！"晏子说："这叫做相同。所谓和谐，拿味道作比方，君主如果是甜的，那么臣子应该是酸的；君主如果是淡的，那么臣子应该是咸的。现在梁丘据这个人，君主是甜的，他也是甜的，这是所谓相同，怎么能够算得上和谐？"景公气忿地变了脸色，很不高兴。

无几何，日暮，公西面望，睹彗星，召伯常
骞使禳去之①。晏子曰："不可。此天教也。日月之
气，风雨不时，彗星之出，天为民之乱见之②，故
诏之妖祥③，以戒不敬。今君若设文而受谏④，谒圣
贤人⑤，虽不去彗，星将自亡。今君嗜酒而并于乐，
政不饰而宽于小人⑥，近谗好优⑦，恶文而疏圣贤人，
何暇在彗，茀又将见矣⑧！"公忿然作色，不说。

【注释】

①伯常骞：名骞，字伯常。禳（ráng）：祈祷除灾。

②见（xiàn）：出现，显示。

③妖祥：偏指妖，妖异。

④设文：指修文德。

⑤谒：拜见。此指求教。

⑥饰：通"饬"，整顿。

⑦优：倡优。

⑧茀（bèi）：同"孛"，彗星的一种。古人把尾巴拖得
　较短的彗星叫"茀"或"孛"。

【译文】

　　没多久，天黑了，景公向西望去，看到了彗星，就召
来伯常骞，让他祈祷除掉彗星。晏子说："不可以这样做。
这是上天在教诲人啊。日月出现圆晕，风雨失调，彗星出
现，这是上天因为民间混乱显现的征兆，是上天故意显示
这些不祥的景象，来警诫人们的不恭敬行为。现在您如果
修文德纳谏言，求教圣人贤人，即使不祈祷除掉彗星，彗

星也将自行消失。现在您好酒贪杯，纵情作乐，不整顿政治，对小人宽容，亲近谗佞，喜欢倡优，厌恶文德，疏远圣人贤人，哪里只是有彗星，孛星也将出现了！"景公气忿地变了脸色，很不高兴。

　　及晏子卒，公出屏而泣曰："呜呼！昔者从夫子而游公阜①，夫子一日而三责我，今谁责寡人哉？"

【注释】

①夫子：对男子的尊称，略等于说"先生"。

【译文】

　　等到晏子死了，景公从屏门内出来，哭着说："唉！从前我带着先生游公阜，先生一天之内三次责备我，现在谁还能责备我呢？"

景公游寒途不恤死胔晏子谏

　　针对景公出游见到死尸后的冷漠态度，晏子列举齐桓公出游时给挨饿者食物、给患病者钱财等爱民行为，批评景公出游把沿途百姓弄得财尽力竭，饥寒冻饿，死尸遍地，丧失了当君主的原则，迫使景公采取了一些补救措施。

景公游于寒涂①，睹死胔②，默然不问。

晏子谏曰："昔吾先君桓公出游，睹饥者与之食，睹疾者与之财；使令不劳力③，藉敛不费民④。先君将游，百姓皆说曰：'君当幸游吾乡乎！'今君游于寒涂，据四十里之氓⑤，殚财不足以奉敛⑥，尽力不能周役⑦。民氓饥寒冻馁，死胔相望，而君不问，失君道矣。财屈力竭，下无以亲上；骄泰奢侈，上无以亲下。上下交离，此三代之所以衰也。今君行之⑧，婴惧公族之危，以为异姓之福也⑨。"

公曰："然。为上而忘下，厚藉敛而忘民，吾罪大矣。"于是敛死胔，发粟于民，据四十里之氓，不服政其年⑩，公三月不出游。

【注释】

①涂：同"途"，道路。

②死胔（zì）：死尸。胔，有腐肉的尸体，即尚未腐烂的尸体。

③不劳力：不使民力过劳。

④不费民：不多耗费民财。

⑤氓（méng）：民，百姓。

⑥殚：尽，用尽。

⑦周役：应付完徭役。周，遍。

⑧行之：指蹈三代衰亡的覆辙。

⑨异姓：别姓。此指田氏。

⑩其（jī）年：一周年。其，通"期"。

【译文】

景公到严寒的道路上游玩，看到了死尸，默默无言，不予理会。

晏子劝谏说："从前我们的先君桓公出游，看到饥饿的人，给他们食物；看到有病的人，给他们钱财；役使人民，不让他们过于劳苦；收敛赋税，不让人民耗费过多钱财。先君将要出游的时候，百姓都高兴地说：'君主大概会到我们这里游玩吧！'现在您在严寒的道路上游玩，整个四十里之内的百姓，把钱财全部拿出来都不够您收敛，把力气全部使出来也不能应付完您的徭役。百姓挨饿受冻，死尸到处可见，可是您却不予理会，这就丧失了当君主的原则了。财力枯竭，下级就没有办法热爱上级；放纵奢侈，上级就没有办法热爱下级。上下离心离德，君臣无亲无爱，这是夏、商、周三代之所以衰亡的原因。现在您重蹈三代衰亡的覆辙，我担心您的宗族将有危险，这样就是为异姓之人造福了。"

景公说："是的。当君主却忘记了下属，加重赋税却忘记了百姓，我的罪过大了。"于是下令收殓死尸，拿出粮食给百姓，整个四十里之内的百姓，一年不服役，景公自己三个月不出游。

景公衣狐白裘不知天寒晏子谏

　　景公身穿狐裘诧怪下雪三天而天不寒冷，晏子以古代贤君“饱而知人之饥，温而知人之寒，逸而知人之劳”，批评景公不知百姓饥寒困苦，促使景公施行了一些善政。

景公之时，雨雪三日而不霁①。公被狐白之裘坐堂侧陛②。晏子入见，立有间③，公曰："怪哉！雨雪三日而天不寒。"晏子对曰："天不寒乎？"公笑。晏子曰："婴闻古之贤君，饱而知人之饥，温而知人之寒，逸而知人之劳。今君不知也。"公曰："善。寡人闻命矣④。"

【注释】

①雨（yù）雪：下雪。雨，降，落。霁（jì）：雨后或雪后天转晴。

②被：同"披"。狐白之裘：用狐狸腋下的白皮毛制作的皮衣。

③有间（jiān）：一会儿。

④闻命：接受命令或教导。

【译文】

景公在位的时候，一连下了三天雪仍不天晴。景公披着用狐狸腋下的白皮毛制作的皮衣，坐在殿堂侧边的台阶上。晏子进去见景公，站了一会儿，景公说："真奇怪呀！下了三天雪可是天气却不寒冷。"晏子回答说："天气真的不寒冷吗？"景公笑了。晏子说："我听说古代的贤明君主，自己吃饱了，却知道有人在挨饿；自己穿暖了，却知道有人在受冻；自己安逸了，却知道有人在受劳苦。现在您不知道这些啊。"景公说："您说得好。我受教了。"

乃出裘发粟，与饥寒。令所睹于涂者，无问其乡；所睹于里者^①，无问其家；循国计数^②，无言其名。士既事者兼月^③，疾者兼岁。

【注释】

①里：古代户籍管理的单位，先秦二十五家为里。

②循国：在国内巡视。循，通"巡"。

③兼月：两个月。此指给两个月的粮食。下句"兼岁"指给两年的粮食。

【译文】

景公于是下令拿出皮衣，发放粮食，给那些挨饿受冻的人。下令在道上看到这些人，不要问他们是哪个乡的；在村里看到这些人，不要问他们家在哪里；在国内巡视，统计这些人的数目，不要他们说出姓名来。士已经担任职务的，给两个月的粮食；有病的，给两年的粮食。

孔子闻之曰："晏子能明其所欲，景公能行其所善也。"

【译文】

孔子听到这事以后说："晏子能够表明自己所希望的事情，景公能够去做自己认为美好的事情。"

景公异荧惑守虚而不去晏子谏

星辰的运行本有各自的规律。古人迷信，认为荧惑（即火星）乃不祥之星，它出现于某星宿，预示着上天将对与该星宿相应的州国有所惩罚。景公对荧惑停留在虚宿（齐国的分野）感到惊异，担心齐受天罚。晏子历数其过错表明齐当受天罚：行善的不被任用，政令不得实行；疏远贤人，任用谗佞；百姓怨恨国君，国君自求吉祥；碌碌无为，趋于灭亡。建议景公平反冤狱，散发官府钱财，赈济孤寡，敬养老人。做到这些，百恶皆可祛除。

景公之时，荧惑守于虚^①，期年不去。公异之，召晏子而问曰："吾闻之，人行善者天赏之，行不善天殃之。荧惑，天罚也。今留虚，其孰当之？"晏子曰："齐当之。"

【注释】

①荧惑守于虚：火星居于虚宿的位置。荧惑，即行星中的火星。虚，二十八星宿中的虚宿。古代迷信说法，认为荧惑乃不祥之星，它出现于某方，预示上天将有所惩罚。

【译文】

景公在位的时候，火星停留在虚宿的位置上，一年也不离开。景公感到惊异，召来晏子问道："我听说过，行善的人，上天就赏赐他；不行善的人，上天就让他遭殃。火星，是上天将实行惩罚的标志。现在它停留在虚宿的位置上，谁将受惩罚？"晏子说："齐国将受惩罚。"

公不说，曰："天下大国十二，皆曰诸侯，齐独何以当？"

晏子曰："虚，齐野也^①。且天之下殃，固于富强。为善不用，出政不行；贤人使远，谗人反昌；百姓疾怨，自为祈祥；录录强食^②，进死何伤？是以列舍无次^③，变星有芒^④；荧惑回逆^⑤，孽星在旁^⑥。有贤不用，安得不亡？"

①虚，齐野也：虚宿是齐国的分野。古人把天上的星宿分别指配于地上的州国，称某星宿是某州国的分星或分野。虚宿正是齐国的分野，荧惑居于虚宿，预示齐国将有灾异。

②录录：同"碌碌"，平庸，无所作为。

③列舍：列宿，众星宿。次：古代把天上黄道附近的一周天分为十二等分，叫十二次，每一次都有二十八宿中的某些星宿作为标志。

④变星：指彗星。

⑤回：返回。逆：迎着，预先。这句意思是，荧惑返回到齐的分野，预先显示不祥之兆。

⑥孽星：妖星，不吉祥之星。

【译文】

景公不高兴地说："天下的大国有十二个，都是诸侯，为什么偏偏只有齐国受惩罚？"

晏子说："虚宿，是齐国的分野。况且，上天降下灾祸，本来要降给富强的国家，因为它依仗富强为非作歹。现在的齐国，行善的不被任用，政令不能实行；贤人被疏远，谗人反倒得意洋洋；百姓怨恨君主，君主却为自己祈祷吉祥；饱食终日，碌碌无为，走向灭亡，何曾感伤？因此众星宿都乱了次序，彗星出现放射光芒；火星回返预示灾祸，妖星经常守在齐的分野旁。有贤人却不任用，怎么能不灭亡？"

公曰："可去乎？"

对曰："可致者可去，不可致者不可去。"

公曰："寡人为之若何？"

对曰："盍去冤聚之狱①，使反田矣；散百官之财，施之民矣；振孤寡而敬老人矣。夫若是者，百恶可去，何独是孽乎②？"

【注释】

①盍（hé）：何不。

②是：此，这个。

【译文】

景公说："可以让它离开吗？"

晏子回答说："可以招来的，也可以让它离开；不可以招来的，也不可以让它离开。"

景公说："我应该怎么做？"

晏子回答说："您何不平反冤狱，让受冤屈的人回去种田；散发官府的钱财，施舍给人民；救济孤儿寡妇，敬养老人。如果这样做了，各种邪恶都可以去掉，岂只是这个妖星呢？"

公曰："善。"

行之三月，而荧惑迁。

【译文】

景公说："您说得好。"

这样做了三个月，火星就移走了。

景公欲诛骇鸟野人晏子谏

　　一个平民无意间吓跑了齐景公要射的鸟，景公就命令官吏杀死他。如此草菅人命，晏子批评说：赏赐无功者叫做混乱，惩罚无辜者叫暴虐；君主放纵私欲，轻易杀人，毫无仁慈之心；禽兽本是供养人民的，不应因此而苛酷对待人民。

景公射鸟，野人骇之①。公怒，令吏诛之。

【注释】

①野人：郊野之人。此指百姓。

【译文】

景公正要射鸟，一个普通百姓把鸟吓跑了。景公大怒，命令官吏杀死他。

晏子曰："野人不知也。臣闻赏无功谓之乱，罪不知谓之虐①。两者，先王之禁也。以飞鸟犯先王之禁，不可。今君不明先王之制，而无仁义之心，是以从欲而轻诛②。夫鸟兽，固人之养也③，野人骇之，不亦宜乎？"

公曰："善。自今已后，弛鸟兽之禁④，无以苛民也⑤。"

【注释】

①罪：治罪，处罚。

②从欲：纵欲。从，同"纵"。

③人之养：供养人民。

④弛：放松，放宽。

⑤苛民：苛酷地对待百姓。

【译文】

晏子说："这个百姓不知道您在射鸟啊。我听说赏赐没有功劳的人，叫做混乱；惩罚不了解实情的人，叫做暴虐。

这两样，是先王的禁忌。因为一只飞鸟就违犯先王的禁忌，是不可以的。现在您不明白先王的制度，而且没有仁义之心，所以才随心所欲，轻易杀人。鸟兽，本来就是供养人民的，百姓吓跑它，不是应该的吗？”

　　景公说：“您说得好。从今以后，放宽有关鸟兽的禁令，不要因此而苛酷地对待百姓。”

景公所爱马死欲诛圉人晏子谏

　　景公因为爱马暴死而命人肢解养马人。晏子以尧、舜从不肢解人巧妙地阻止了这一残暴行为；又貌似历数养马人罪状而实则批评景公过错，迫使景公赦免了养马人。

景公使圉人养所爱马①，暴死②。公怒，令人操刀解养马者③。是时晏子侍前，左右执刀而进，晏子止而问于公曰："尧、舜支解人④，从何躯始？"公矍然曰⑤："从寡人始⑥。"遂不支解。公曰："以属狱⑦。"晏子曰："此不知其罪而死。臣为君数之⑧，使知其罪，然后致之狱。"公曰："可。"

【注释】

①圉（yǔ）人：养马的人。

②暴：突然。

③解：肢解。古代酷刑，先砍断人的四肢，然后再砍头。

④支解：同"肢解"。

⑤矍（jué）然：惊恐的样子。

⑥从寡人始：景公的回答似是答非所问，其实，这是景公猛然醒悟到尧、舜从不肢解人，仓猝间作出的回答。

⑦属（zhǔ）：委托，交付。狱：狱吏。

⑧数（shǔ）：数说，列举。

【译文】

景公让养马人喂养自己所喜爱的马，马突然死了。景公大怒，命令人拿刀肢解养马人。这时晏子正陪伴着景公，景公的近侍拿着刀往前走，晏子制止住他们，向景公问道："古时候尧、舜肢解人，先从身体的哪一部分开始？"景公猛然醒悟到尧、舜从不肢解人，吃惊地说："肢解人的事从我开始。"于是就不再肢解了。景公说："把他交给狱吏治罪。"晏子说："这样，他不知道自己犯了什么罪被处死的。我替您数说他的罪状，让他知道自己的罪过，然后再把他交给狱吏治罪。"景公说："可以。"

晏子数之曰："尔罪有三：公使汝养马而杀之，当死罪一也。又杀公之所最善马，当死罪二也。使公以一马之故而杀人，百姓闻之，必怨吾君；诸侯闻之，必轻吾国。汝杀公马，使怨积于百姓，兵弱于邻国，当死罪三也。今以属狱。"

公喟然叹曰："夫子释之！夫子释之！勿伤吾仁也。"

【译文】

晏子数说养马人道："你的罪状有三条：君主让你养马，你却把马养死了，这是第一条应该处死的罪状。你养死的又是君主最喜爱的马，这是第二条应该处死的罪状。让君主因为一匹马的缘故而杀人，百姓听说了，一定怨恨我们君主；诸侯们听说了，一定轻视我们国家。你养死了君主的马，让君主在百姓那里积下怨恨，让军队比邻国弱，这是第三条应该处死的罪状。现在把你交给狱吏治罪。"

景公叹息着说："先生您放了他！先生您放了他！不要因此损害了我的仁慈。"

第二卷　内篇谏下第二

景公藉重而狱多欲托晏子晏子谏

　　景公赋敛沉重，狱讼繁多，被拘捕的人塞满监狱，怨恨的人充满外朝。晏子指出，治理国家，应该让居上位者处事公正，居下位者依理而行；限制近臣的贪欲，节制其奢靡，以防止私欲泛滥。如果放纵民欲，却严厉治理他们的诉讼，狠狠处罚他们的过错，是难以治理好国家的。

景公藉重而狱多①，拘者满囹②，怨者满朝。晏子谏，公不听。公谓晏子曰："夫狱，国之重官也，愿托之夫子。"

晏子对曰："君将使婴敕其功乎③？则婴有一妾能书足以治之矣。君将使婴敕其意乎？夫民无欲残其家室之生以奉暴上之僻者，则君使吏比而焚之而已矣④。"

【注释】

①藉：赋税。狱：诉讼。

②囹（yǔ）：牢狱。

③敕：治理，整顿。功：事。

④比而焚之：指逐户烧掉债券。这样做是为了使民心归附。

【译文】

景公赋税沉重，狱讼繁多，被拘捕的人塞满了监狱，怨恨的人充满了外朝。晏子劝谏，景公不听。景公对晏子说："监狱，是国家重要的官署，我希望把它托付给先生您。"

晏子回答说："您想让我整顿诉讼的事情吗？那么，我有一个能书写的妾，她有妇人的仁慈之心，就足以把狱讼治理好了。您想让我整顿民心吗？人民没有谁想弄得自己家破人亡以便供奉贪暴君主享乐的，那么，您让官吏挨门逐户把债券都烧掉就可以了。"

景公不说，曰："敕其功，则使一妾；敕其意，则比焚。如是，夫子无所谓能治国乎？"

晏子曰："婴闻与君异。今夫胡貉戎狄之蓄狗也①，多者十有余，寡者五六，然不相害。今束鸡豚妄投之②，其折骨决皮③，可立得也。且夫上正其治，下审其论④，则贵贱不相逾越。今君举千钟爵禄而妄投之于左右，左右争之，甚于胡狗，而公不知也。寸之管，无当⑤，天下不能足之以粟。今齐国丈夫耕，女子织，夜以接日，不足以奉上，而君侧皆雕文刻镂之观，此无当之管也，而君终不知。五尺童子⑥，操寸之烟⑦，天下不能足以薪⑧。今君之左右，皆操烟之徒，而君终不知。钟鼓成肆⑨，干戚成舞⑩，虽禹不能禁民之观。且夫饰民之欲⑪，而严其听，禁其心，圣人所难也；而况夺其财而饥之，劳其力而疲之，常致其苦而严听其狱，痛诛其罪，非婴所知也。"

【注释】

①胡貉戎狄：都是我国境内少数民族。

②豚（tún）：小猪。

③决：通"抉"，挖出，挖掉。

④论：通"伦"，伦理。

⑤当（dàng）：底，器物的底部。

⑥五尺童子：古代尺小，一尺约当现在七寸，所以把儿童叫"五尺童子"。

⑦烟：指火，火把。

⑧薪：柴。

⑨钟鼓：都是古代乐器。肆：列。

⑩干戚成舞：指手持兵器跳舞。按古代手持兵器跳武，表示"偃武修文"之意，这里是指尽情作乐。干戚，泛指兵器。干，盾牌。戚，大斧。

⑪饰：显示。这里指放纵。

【译文】

景公听了很不高兴，说："说到整顿诉讼之事，就说让一个妾去做；说到整顿民心，就说让挨门逐户把债券烧掉。如此说来，先生您就不是所说的能治理国家的人了吗？"

晏子说："我听到的跟您说的不一样。比如胡貉戎狄等部族的人养狗，多的养十多条，少的养五六条，可是这些狗并不互相伤害。如果捆好了鸡和小猪随便扔给他们，那么它们争抢得咬断骨胳、撕裂皮肤的情景，立刻就可以看到。再说居上位的人处事公正，居下位的人按伦理行事，那么就会贵贱分明，不会发生等级混乱之事。现在您拿着千钟的俸禄，随便地扔给您身边的人，这些人争夺俸禄，比胡人的狗还厉害，可是您却不了解这些。一寸长的竹管，如果没有底，普天下的人都不能用粮食把它装满。现在齐国的男子耕田，女子织帛，他们夜以继日地工作，也不够供奉上边的征敛，而您的身旁到处都是雕刻着花纹的供观赏的东西，这就是无底的竹管啊，可是您始终不了解这些。几尺高的儿童，手里拿着一寸长的火种，普天下的人拿来柴草都不够他烧的。现在您身边的人，都是拿着火种的人，可是您始终不了解这些。排列好钟鼓等乐器奏乐，拿着盾牌大斧等兵器舞蹈，即使是禹那样的君主也不能禁止人们观看。再说放纵人民的欲望，却严厉禁止人去听，禁止人去想，这是圣人也难以做到的；更何况掠夺人民的钱财，让他们饥饿，使用人民的力气，让他们疲劳，经常给人民带来痛苦，却严厉地处理他们的诉讼，狠狠地惩罚他们的罪过，这不是我所能理解的。"

景公欲杀犯所爱之槐者晏子谏

　　景公为所喜爱的槐树下令："犯槐者刑，伤之者死。"有醉而犯槐者，将被景公治罪。其女借故求见晏子申诉，认为明君治理国家，不应随便立法增刑，不应爱树而轻人。于是晏子朝见景公，指出，耗尽百姓财力以满足嗜好私欲，叫做暴虐；崇尚玩物、使其威严与君主相似，叫做乖戾；处罚杀死无罪之人，叫做残忍。这三种行为，是国家的大祸害。而君主的所作所为，正是最大的暴虐，是显明的乖戾，最严重的害民。最终迫使景公废除了伤槐治罪的命令，释放了犯槐之囚。

景公有所爱槐，令吏谨守之，植木县之^①，下令曰："犯槐者刑，伤之者死。"有不闻令，醉而犯之者，公闻之曰："是先犯我令。"使吏拘之，且加罪焉。

【注释】

①植：竖立，插。县：同"悬"，悬挂。

【译文】

景公有一棵喜爱的槐树，命令官吏小心地看守它，立了一个木桩，上面挂着牌子，写着命令："碰了槐树的受刑，伤了槐树的处死。"有一个没有听到命令、喝醉酒碰了槐树的人，景公听到这事以后说："这个人先触犯了我的命令。"让官吏拘捕了他，将要治他的罪。

其子往辞晏子之家^①，托曰："负郭之民贱妾^②，请有道于相国^③，不胜其欲^④，愿得充数乎下陈^⑤。"

晏子闻之，笑曰："婴其淫于色乎！何为老而见奔^⑥？虽然，是必有故。"令内之^⑦。女子入门，晏子望见之，曰："怪哉！有深忧。"进而问焉曰："所忧何也？"

对曰："君树槐县令，犯之者刑，伤之者死。妾父不仁^⑧，不闻令，醉而犯之，吏将加罪焉。妾闻之，明君莅国立政^⑨，不损禄，不益刑，又不以私害公法^⑩，不为禽兽伤人民，不为草木伤禽兽，不为野草伤禾苗。吾君欲以树木之故杀妾父，孤妾身⑪，此令行于民而法于国矣。虽然，妾闻之，勇士不以众强凌孤独，明惠之君不拂是以行其所欲⑫。此譬之犹自治鱼鳖者也，去其腥臊者而已⑬。昧墨与人比居庚肆，而教人危坐⑭。今君出令于民，苟可法于国而善益于后世，则父死亦当矣，妾为之收亦宜矣⑮。甚乎！今之令不然。以树木之故，罪法妾父，妾恐其伤察吏之法⑯，而害明君之义也。邻国闻之，皆谓吾君爱树而贱人，其可乎？愿相国察妾言，以裁犯禁者⑰。"

晏子曰："甚矣！吾将为子言之于君。"使人送之归。

【注释】

①子：此处指女儿。古代男孩子、女孩子都可称"子"。辞：致辞，告诉。

②负廓：指在外城居住。廓，通"郭"，外城。妾：女子的谦称。

③道：陈说。

④不胜其欲：禁止不住自己的欲望，即无限向往之意。胜，禁得住。

⑤充数乎下陈：指在内宅充数当侍妾。乎，于。下陈，等于说"后列"。

⑥奔：私奔。

⑦内：同"纳"。

⑧不仁：不才，不聪明。

⑨莅国：治理国家。莅，临。

⑩恚（huì）：恼怒。

⑪孤：使成为孤儿。

⑫拂：违背。是：正确。

⑬"此譬"二句：比喻治国者应去掉对国家有害的东西。

⑭"昧墨"二句：全句是比喻说法，黑暗之中却让人端端正正地坐在闹市中，喻国家政令苛酷，人民将无所措手足。昧墨，指黑暗之中。比居，并居，一块儿坐着。庚肆，指闹市。危坐，端正地坐着。

⑮收：指收尸。

⑯察吏：能明察是非的官吏。

⑰裁：指量刑判处。

【译文】

他的女儿到晏子家去，托人传话说："我是住在外城百姓的女子，有话要对相国说，我无限向往，愿意在相国的后宅充数当个侍妾。"

晏子听到这话以后，笑着说："我难道是个好色之徒吗？为什么我老了还有女子私奔我？虽说如此，这里面一定有原因。"命令让她进来。女子进了门，晏子远远地望见她，说："奇怪呀！这个人脸上带着深深的忧伤。"等她进到屋里，晏子问她说："你忧伤的是什么事情？"

女子回答说："君主种了槐树，悬挂上命令，碰了槐树的受刑，伤了槐树的处死。我的父亲缺少才智，没有听到命令，喝醉酒后碰了槐树，官吏将要治他的罪。我听说，英明的君主管理国家制定政令，不轻易减少俸禄，不随便增加刑罚，又不因为私怨损害公法，不因为禽兽伤害人民，不因为草木伤害禽兽，不因为野草伤害禾苗。我们国君因为树木的缘故要杀死我父亲，让我成为孤儿，这命令已经对人民实行并且成为国家的法令了。虽说如此，可我听说过，勇士不凭着人多势众欺侮弱小孤单的人，明智的君主不背离正确的原则随心所欲地行事。这就好比亲自烹饪鱼鳖的人一样，只是去掉鱼鳖的腥味罢了。又好比黑暗中跟人一块呆在闹市，却让人端端正正地坐着，人们都会无所措手足。现在君主向人民发出命令，如果可以成为国家的法令并且对后世有好处，那么我父亲就是死了也是值得的，我为他收尸也是应该的。太厉害了！现在的命令却不是这样。因为树木的缘故，就治我父亲的罪，我担心这会破坏了能明察是非的官吏执掌的法令，伤害了英明君主的道义。邻国听到了这事，都会认为我们君主喜爱树却轻视人，这怎么可以呢？希望相国考虑我的话，根据法律裁决触犯君主禁令的人。"

晏子说："这太过分了！我将替你向君主去说。"说完派人把她送了回去。

明日，早朝，而复于公曰："婴闻之，穷民财力以供嗜欲谓之暴①；崇玩好，威严拟乎君谓之逆②；刑杀不辜谓之贼③。此三者，守国之大殃。今君穷民财力以羡饮食之具④，繁钟鼓之乐，极宫室之观，行暴之大者；崇玩好，县爱槐之令，载过者驰，步过者趋⑤，威严似乎君，逆之明者也；犯槐者刑，伤槐者死，刑杀不称^⑥，贼民之深者。君享国，德行未见于众^⑦，而三辟著于国^⑧。婴恐其不可以莅国子民也^⑨。"

公曰："微大夫教寡人^⑩，几有大罪，以累社稷。今子大夫教之，社稷之福，寡人受命矣。"

【注释】

①穷：用尽。

②拟乎君：和君主相似。

③贼：残忍。

④羡：多余。

⑤趋：小步快走，表示恭敬。

⑥称（chèn）：相符合。

⑦见（xiàn）：显示。

⑧辟：邪僻。

⑨子民：以民为子，即爱民如子之意。

⑩微：如果没有。

【译文】

第二天早朝的时候，晏子向景公禀告说："我听说过，耗尽人民的财力来满足自己的嗜好私欲，叫做暴虐；崇尚自己喜好的玩物，让它们的威严和君主相似，叫做乖戾；处罚杀死没有罪的人，叫做残忍。这三种行为，是保持住国家的大祸害。现在您耗尽人民的财力，把饮食用具置办得很丰盛，把钟鼓等乐器制造得很繁多，把宫室修建得很漂亮，这是最大的暴虐；崇尚自己喜好的玩物，对所喜爱的槐树悬挂上命令，驾车经过的要快赶，步行经过的要快走，它的威严和君主相似，这是最明显的乖戾行为；碰到槐树的受刑，伤害槐树的处死，处罚不该处罚的人，杀死不该杀死的人，这是最严酷的残害人民的行为。您享有国家，好的德行没有在百姓面前显示出来，可是三种邪僻的行为在国内却很显著。我担心这样是不可以治理国家、爱民如子的。"

景公说："假如没有大夫您教诲我，我几乎要犯大罪，从而连累到国家。现在大夫您教诲我，这是国家的福气，我受教了。"

晏子出，公令趣罢守槐之役^①，拔置县之木^②，废伤槐之法，出犯槐之囚。

【注释】

①趣（cù）：同"促"，速，赶快。
②拔置：拔下并收起。

【译文】

晏子出朝以后，景公命令赶快撤走看守槐树的差役，拔掉木桩，扔掉挂着的牌子，废除伤害槐树治罪的命令，释放因碰到槐树被拘捕的囚犯。

景公逐得斩竹者囚之晏子谏

　　景公拘捕了砍竹者并将治他的罪。晏子以齐先君丁公伐曲城不斩私藏金玉出城者为例，说明君主应该宽厚慈惠，不重物轻人。

景公树竹，令吏谨守之。公出，过之，有斩竹者焉。公以车逐，得而拘之，将加罪焉。

晏子入见，曰：“君亦闻吾先君丁公乎？”

公曰：“何如？”

晏子曰：“丁公伐曲城①，胜之，止其财，出其民。公日自莅之。有舆死人以出者②，公怪之，令吏视之，则其中金与玉焉。吏请杀其人，收其金玉。公曰：‘以兵降城，以众图财，不仁。且吾闻之，人君者宽厚慈众，不身传诛③。’令舍之。”

公曰：“善。”

晏子退，公令出斩竹之囚。

【注释】

①曲城：地名。故址在今山东掖县东北。

②舆：抬。

③不身传诛：不亲自传令杀人。意思是当交有关官吏治罪。

【译文】

景公种了竹子，命令官吏小心地看守它。景公外出，在那里经过，看到有个人砍竹子。景公就坐着车追赶他，追上以后把他抓了起来，将要治他的罪。

晏子入宫去见景公，说：“您听说过我们的先君丁公吧？”

景公说：“怎么样？”

晏子说：“丁公攻打曲城，取得了胜利，禁止城里的财物出城，把城里的人迁移出去。丁公每天亲自察看。有人抬着死人出城，丁公感到奇怪，命令官吏查看，原来棺材里装的都是金玉。官吏请求杀掉那个人，没收他的金玉。丁公说：'依靠军队攻克城池，依靠人多谋取财物，是不仁德的。况且我听说过，当百姓君主的，应该对百姓宽厚慈惠，不亲自传令杀人。'命令放了那个人。"

景公说："你说得好。"

晏子出宫以后，景公命令释放那个砍竹子的囚犯。

景公冬起大台之役晏子谏

　　景公严冬征发徭役修建大台，服役者挨饿受冻。晏子以歌声诉说百姓之苦，从而使景公决定停止修建。晏子主动为景公承担过错的行为，则表现了他的"愚忠"。孔子正是从忠君的角度，对晏子大加赞扬的。

晏子使于鲁，比其返也^①，景公使国人起大台之役。岁寒不已，冻馁之者乡有焉，国人望晏子。

【注释】

①比：等到。

【译文】

晏子出使鲁国，等到他返回的时候，景公正让齐国人服役修建大台。天气一直很寒冷，挨饿受冻的人每乡都有，齐国人都盼望晏子快回来。

晏子至，已复事，公延坐^①，饮酒，乐。晏子曰："君若赐臣，臣请歌之。"歌曰："庶民之言曰：'冻水洗我，若之何？太上靡散我^②，若之何？'"歌终，喟然叹而流涕。公就止之^③，曰："夫子曷为至此^④？殆为大台之役夫^⑤！寡人将速罢之。"

【注释】

①延坐：请他坐下。

②太上：对君主的尊称。靡（mí）散：摧残，离散。

③就：靠近，走近。

④曷为：为什么。曷，何。

⑤殆：大概，恐怕。

【译文】

晏子回到齐国，汇报完事情以后，景公请他入座，喝酒喝得很高兴。晏子说："如果蒙您恩赐，请允许我唱支歌。"于是唱道："平民百姓都这样唱：'我们在冰水中受冻，怎么活？我们被君主弄得妻离子散，怎么过？'"唱完了歌，晏子叹息着流下了眼泪。景公上前制止住他，说："先生您为什么悲伤到这地步？大概是为修建大台的事吧！我将很快停止建大台。"

晏子再拜①，出而不言，遂如大台②，执朴鞭其不务者③，曰："吾细人也④，皆有盍庐以避燥湿⑤；君为一台而不速成，何为？"国人皆曰："晏子助天为虐。"

【注释】

①再拜：拜两拜。再，二。

②如：到……去。

③朴（pū）：打人用的棍棒。

④细人：小人，地位低下的人。

⑤盍庐：房屋。盍，通"阖"。

【译文】

晏子拜了两拜，一句话也不说就出了朝廷，接着就到了大台，拿着棍棒打那些不努力工作的人，说："我们是些小民，都有房屋来躲避炎热潮湿；君主要建造一个大台，却不能很快建成。这是为什么？"国人都说："晏子在帮助君主做坏事。"

晏子归，未至，而君出令趣罢役。车驰而人趋。

【译文】

晏子回去，还没到家，君主就下达了命令，让赶快停止服役。服役的人和车都飞快地离开了。

仲尼闻之，喟然叹曰：“古之善为人臣者，声名归之君，祸灾归之身。入则切磋其君之不善^①，出则高誉其君之德义。是以虽事惰君，能使垂衣裳^②，朝诸侯^③，不敢伐其功^④。当此道者，其晏子是耶^⑤！”

【注释】

①切磋：比喻商讨、研究。

②垂衣裳：比喻君王无为而治。

③朝：使朝拜。

④伐：自夸。

⑤是：此，这样。

【译文】

孔子听到这件事，慨叹着说：“古代善于当臣子的人，好名声都让给君主，灾祸都留给自己。入朝就研讨君主的缺点，出朝就赞美君主的道义。因此，即使是侍奉怠惰的君主，也能让君主无为而治，让诸侯来朝拜，而自己却不敢夸耀自己的功劳。现在能够符合这个原则的，大概只有晏子吧！”

景公为长庲欲美之晏子谏

　　景公征徭役修建高大的房屋，晏子以歌诉说百姓因服劳役而庄稼不能收获、被害得妻离子散之苦，迫使景公停止了徭役。

景公为长庲①，将欲美之。有风雨作，公与晏子入坐，饮酒，致堂上之乐。酒酣，晏子作歌曰："穗乎不得获，秋风至兮殚零落②。风雨之弗杀也③，太上之靡弊也④。"歌终，顾而流涕，张躬而舞⑤。公就晏子而止之，曰："今日夫子为赐，而诚于寡人，是寡人之罪。"遂废酒罢役，不果成长庲。

【注释】

①庲（lái）：屋舍。

②殚：尽，全都。

③弗杀：击落，吹散。

④靡弊：摧残，离散。

⑤张躬：舒展身躯。躬，身。

【译文】

　　景公修建长大的房舍，将要把它修建得非常漂亮。一天刮起了风，下起了雨，景公和晏子一起入座饮酒，享受厅堂之乐。喝酒喝得正畅快时，晏子起身唱歌，唱道："禾穗啊不能收割，秋风一到啊全被刮落。全被风雨遭踏了，君主害得我们妻离子散没法活。"唱完了歌，转过头流下了眼泪，伸开双臂跳起了舞。景公走到晏子跟前制止住他，说："今天先生您赐教，用歌来告诫我，这是我的罪过。"于是撤掉了酒，停止了徭役，不再修建长大的房舍。

景公为邹之长涂晏子谏

　　景公连年征发徭役，使百姓困苦不堪。晏子指出：君主耗尽民财的，自己难得其利；用尽民力的，自己难得快乐。并以楚灵王兴役不止最终身死乾溪的教训谏止景公修筑驰道。

景公筑路寝之台①，三年未息。又为长庲之役，二年未息。又为邹之长涂②。

晏子谏曰："百姓之力勤矣！公不息乎？"

公曰："涂将成矣，请成而息之。"

对曰："君屈民财者不得其利，穷民力者不得其乐。昔者楚灵王作倾宫③，三年未息也。又为章华之台④，五年又不息也。乾溪之役八年⑤，百姓之力不足而息也。灵王死于乾溪，而民不与君归⑥。今君不遵明君之义，而循灵王之迹，婴惧君有暴民之行，而不睹长庲之乐也。不若息之。"

公曰："善，非夫子者，寡人不知得罪于百姓深也。"于是令勿委壤⑦，余财勿收，斩板而去之⑧。

【注释】

①路寝之台：路寝台。路寝，天子正寝。周制天子有六寝，一为正寝，其余五寝通称燕寝或小寝。齐景公是诸侯，却筑路寝，乃是僭越。

②邹之长涂：通往邹的驰道。邹，齐地名。涂，同"途"，道路。

③倾宫：又作"顷宫"，楚宫室名。

④章华之台：章华台，故址在湖北华容城内。

⑤乾溪：地名，楚东境，今安徽亳县东南。楚伐吴，军队驻扎在乾溪。

⑥不与（yǔ）君归：指不同意把君主的尸体运回去。与，赞同。

⑦委壤：指征用土地修路。

⑧斩板：砍断捆木板的绳子。意思是不再修路。古代修路或筑墙时，两旁需用木板夹住，中间加土夯实，木板要用绳子捆住以防移动。

【译文】

景公修筑路寝台，三年没有停止。又修建长大的房舍，两年没有停止。又修筑通往邹的驰道。

晏子劝谏说："老百姓太劳苦了！您不停止徭役吗？"

景公说："驰道快修成了，请等修成驰道再停止徭役。"

晏子回答说："君主把人民的财产征敛净尽的，自己最终不能得到利益；把人民弄得精疲力竭的，自己最终不能得到快乐。从前楚灵王修建顷宫，三年没有停止。又修建章华台，又是五年没有停止。乾溪的战役打了八年，老百姓力不胜任自己停止的。后来灵王死在乾溪，人民不允许把他的尸体运回去。现在您不遵循英明君主的道义，即沿着灵王的脚印走，我担心您有残害人民的行为，却不能看到修建长大的房舍给您带来的快乐。不如停止徭役好。"

景公说："好。如果不是先生您，我还不知道自己深深地得罪了百姓。"于是命令不要再征用土地，剩下的赋税不要再收敛，砍断捆筑路夹板的绳子，让服役的人都回家去。

景公春夏游猎兴役晏子谏

　　齐景公春天夏天游玩打猎，又征发修大台的徭役。晏子劝谏说：春天夏天征发徭役，让百姓失去耕种时机，国家就会空虚。针对景公年老及时行乐的想法，晏子以楚灵王兴役不止而民叛之的教训，最终阻止了修建大台之役。

　　景公春夏游猎，又起大台之役。晏子谏曰："春夏起役且游猎，夺民农时^①，国家空虚，不可。"景公曰："吾闻相贤者国治^②，臣忠者主逸。吾年无几矣^③，欲遂吾所乐^④，卒吾所好，子其息矣^⑤。"

　　晏子曰："昔文王不敢盘游于田^⑥，故国昌而民安。楚灵王不废乾溪之役，起章华之台，而民叛之。今君不革，将危社稷，而为诸侯笑。臣闻忠不避死，谏不违罪^⑦。君不听臣，臣将逝矣^⑧。"

　　景公曰："唯唯^⑨，将弛罢之。"未几，朝韦冏^⑩，解役而归^⑪。

【注释】

①夺：失去。

②治：治理得好，与"乱"相对。

③无几（jǐ）：没有多久。

④遂：与下句的"卒"都有"终""尽"的意思。

⑤息：止。

⑥盘游：游玩。田：同"畋"，打猎。

⑦违：躲避。

⑧逝：往，离开。

⑨唯唯：应答声。

⑩朝：臣下朝见君主。韦冏：人名。

⑪归：指让服役之人回家去。

【译文】

景公春天夏天去游玩打猎，又征发修筑大台的徭役。

晏子劝谏说："春天夏天征发徭役，而且去游玩打猎，这样就让百姓失去了耕种的时机，国家就会空虚，不可以这样做。"景公说："我听说相国贤明，国家就治理得好；臣子忠诚，君主就安逸。我的寿命没有多久了，我想尽情地做完我喜欢的事情，尽情做完我爱好的事情。您还是不要干涉吧。"

晏子说："从前周文王不敢享受游玩打猎的乐趣，所以国家昌盛，百姓安定。楚灵王不停止乾溪的战役，又兴建章华台，因而百姓背叛了他。现在您如果不改正，就要危害到国家，被诸侯们耻笑。我听说忠臣不怕死，劝谏君主不怕获罪。您如果不听从我的劝告，我将要离开您。"

景公说："好，好，我将停止徭役。"不久，就召来韦冏，派他去免除徭役，让服役的人回家去。

景公猎逢蛇虎以为不祥晏子谏

针对景公上山见虎、下泽见蛇以为不祥的迷信看法，晏子指出，有贤人却不知道、知道了却不使用、使用了却不委以重任，才是国家三件不吉祥之事。至于上山见虎、下泽见蛇，乃是情理中的事。

景公出猎，上山见虎，下泽见蛇。归，召晏子而问之曰："今日寡人出猎，上山则见虎，下泽则见蛇，殆所谓不祥也？"

晏子对曰："国有三不祥，是不与焉①。夫有贤而不知，一不祥；知而不用，二不祥；用而不任，三不祥也。所谓不祥，乃若此者。今上山见虎，虎之室也②；下泽见蛇，蛇之穴也。如虎之室③，如蛇之穴而见之，曷为不祥也？"

【注释】

①是：此。与（yù）：在其中，相干。

②室：指住处。

③如：往，到……去。

【译文】

景公外出打猎，上山看见了老虎，下沼泽看见了蛇。回来以后，召见晏子问他说："今天我外出打猎，上山看见了老虎，下沼泽看见了蛇，这大概就是所谓不吉祥吧？"

晏子回答说："国家有三件不吉祥的事，这些都不在其中。有贤德的人却不知道，这是第一件不吉祥的事；知道了却不使用，这是第二件不吉祥的事；使用了却不委以重任，这是第三件不吉祥的事。所谓不吉祥的事，就是像上边说的这些。现在您上山看见了老虎，那里本来有老虎的住处；下沼泽看见了蛇，那里本来有蛇的洞穴。到老虎的住处去，到蛇的洞穴去，看见了它们，怎么能算不吉祥呢？"

景公为台成又欲为钟晏子谏

景公修建完高台又想铸造编钟。晏子批评景公欲望无穷，必然加重赋税，给百姓造成哀痛。

景公为台，台成，又欲为钟①。晏子谏曰："君国者不乐民之哀②。君不胜欲③，既筑台矣，今复为钟，是重敛于民，民必哀矣。夫敛民之哀而以为乐④，不祥，非所以君国者。"公乃止。

【注释】

①钟：编钟，古代乐器。

②君国者：当国家君主的人。君，当君主。

③不胜欲：指欲望无穷无尽。胜，尽。

④敛民之哀：意思是，收敛民财从而给人民带来哀痛。

【译文】

景公修筑高台，高台修成了，又想铸造钟。晏子劝谏说："当国家君主的，不把百姓的哀痛当成自己的快乐。您的欲望无穷无尽，已经修筑了高台，现在又要铸造钟，这样就要对百姓加重赋敛，百姓必定很哀痛。收敛民财给百姓带来哀痛，用来供自己享乐，这是不吉祥的，这不是当国家君主的人应该做的。"景公这才停止铸编钟。

景公朝居严下不言晏子谏

晏子认为，君主听朝威严，臣子就不敢讲话，君主也就听不到正确意见，这对治理国家是有害的。因此，治理国家，应该广开言路，集思广益。

晏子复于景公曰①："朝居严乎？"

公曰："朝居严，则曷害于治国家哉？"

晏子对曰："朝居严则下无言，下无言则上无闻矣。下无言，则吾谓之喑②；上无闻，则吾谓之聋。聋喑，非害国家而如何也？且合升斗之微③，以满仓廪；合疏缕之纬④，以成帷幕。太山之高⑤，非一石也，累卑然后高⑥。夫治天下者，非用一士之言也。固有受而不用⑦，恶有拒而不受者哉⑧？"

【译文】

晏子对景公说："您主持朝会威严吗？"

景公说："主持朝会威严，对于治理国家有什么妨害呢？"

晏子回答说："主持朝会威严，那么臣子就不讲话；臣子不讲话，那么君主就不能听到意见。臣子不讲话，我把这叫做哑；君主不能听到意见，我把这叫做聋。又聋又哑，不是对国家有害又是什么呢？况且，把微少的一升一斗汇合起来，就能装满仓库；把纤细的纬线汇合起来，就能织成帐幕。高大的泰山，并不是一块石头就能让它那么高，把细小的石头累积起来，然后才使泰山那样高。治理天下，不是采纳一个人的意见。固然有听到意见而不采纳的，哪有拒绝倾听意见的呢？"

景公登路寝台不终不悦晏子谏

　　景公费财劳民修筑了路寝台，又责怪台高难登。晏子批评说：你如果想节省体力，就不要修这么高；既然让人修这么高，就不要怪罪修筑的人。指出修建宫室的目的是为了便于生活，不是为了奢华享乐。

景公登路寝之台，不能终①，而息乎陛②，忿然作色，不说，曰："孰为高台？病人之甚也③！"

晏子曰："君欲节于身而勿高④，使人高之而勿罪也。今高，从之以罪；卑，亦从以罪。敢问使人如此，可乎？古者之为宫室也，足以便生，非以为奢侈也。故节于身，谓于民⑤。及夏之衰也，其王桀背弃德行，为璇室玉门⑥。殷之衰也，其王纣作为倾宫灵台，卑狭者有罪，高大者有赏，是以身及焉⑦。今君高亦有罪，卑亦有罪，甚于夏、殷之王。民力殚乏矣，而不免于罪。婴恐国之流失⑧，而公不得享也。"

公曰："善。寡人自知诚费财劳民，以为无功，又从而怨之，是寡人之罪也。非夫子之教，岂得守社稷哉？"遂下，再拜，不果登台。

【注释】

①终：指到顶点。

②陛（bì）：台阶。

③病人：让人劳累。病，疲劳。

④而：则。下句"而"同此。

⑤谓于民：指勤于民事。

⑥璇（xuán）：美玉。

⑦身：自身，自己。及：赶上。

⑧流失：丢失，丧失。

【译文】

景公登路寝台，不能登到顶端，就坐在台阶上休息，气忿地变了脸色，不高兴地说："谁修筑的这高台？登着太让人劳累了！"

晏子说："您如果想节省体力，就不要让人修这么高；既然让人修这么高，就不要怪罪修建的人。现在修高了，跟着就给加上罪名；修低了，也跟着给加上罪名。我冒昧地问一句，这样役使人，可以吗？古时候君主修建宫室，是为了便于生活，不是为了用来享受。所以他们能节省体力，勤于民事。到了夏朝衰微的时候，它的君王桀背弃了为君的德行，修建了以美玉为材料的宫室门户。商朝衰微的时候，商的君王纣修建了倾宫灵台，修得低矮的有罪，修得高大的有赏，因此自身遭到了祸害。现在您的情况是，修高了也有罪，修低了也有罪，这比夏、商的君王桀、纣还厉害。百姓精疲力竭，但仍避免不了罪名。我担心国家将有覆灭的危险，您也不能享有齐国了。"

景公说："您说得好。我自己知道修筑路寝台确实劳民伤财，我不但认为百姓没有功劳，跟着又埋怨他们，这是我的罪过。假如不是先生您的教诲，我难道能够保住国家吗？"于是下了路寝台，拜了两拜，不再登上去。

景公登路寝台望国而叹晏子谏

　　景公希望让自己的子孙后代世世享有齐国。晏子明确指出，君主致力于把政治纳入正轨，做事有利于百姓，子孙才能享有国家；而景公宁肯把聚敛的财物存放坏也不分给饥民，还对百姓加重赋税。今后掌握齐国政权的，必将是能让国人得利的人；因此，要想传国给子孙，与其求助于人，不如反躬自求。

景公与晏子登寝而望国①，公愀然而叹曰②："使后嗣世世有此，岂不可哉？"

晏子曰："臣闻明君必务正其治，以事利民，然后子孙享之。《诗》云：'武王岂不事？贻厥孙谋，以燕翼子③。'今君处佚怠，逆政害民有日矣，而犹出若言④，不亦甚乎？"

【注释】

①寝：指路寝台。

②愀（qiǎo）然：忧愁的样子。

③"武王"三句：所引诗句见《诗·大雅·文王有声》。事，做事。今本《诗》作"仕"（通"事"）。贻，留给。今本《诗》作"诒"（通"贻"）。厥，其，他的。燕，通"宴"，安定。翼，帮助。

④若：此。

【译文】

景公和晏子一起登上路寝台，望着齐国都城，景公忧愁地慨叹道："假如让我的子孙世世代代享有齐国，难道不可以吗？"

晏子说："我听说英明的君主一定致力于让政治走上正轨，做事情对人民有利，然后他的子孙才能享有国家。《诗》中说：'周武王难道无所作为？他把谋略传给子孙，帮助他们安定了王业的根基。'现在您处于安乐懈怠的状况，暴虐的政治残害人民有很长时间了，可是您还说出这样的话来，不是太过分了吗？"

公曰："然则后世孰将把齐国①？"

对曰："服牛死②，夫妇哭，非骨肉之亲也，为其利之大也。欲知把齐国者，则其利之者邪？"

【注释】

①把：持，掌握。

②服牛：驾车的牛。服，用牛马驾车。

【译文】

景公说："这样，那么后世谁将掌握齐国政权？"

晏子回答说："驾车的牛死了，夫妻都哭泣，并不是和牛有骨肉之亲，是因为牛给他们带来很大利益。要想知道将来掌握齐国政权的人，那大概是能让齐国人民得到利益的人吧！"

公曰："然。何以易①？"

对曰："移之以善政。今公之牛马老于栏牢②，不胜服也③；车蠹于巨户④，不胜乘也；衣裘襦袴朽弊于藏⑤，不胜衣也；醯醢腐⑥，不胜沽也⑦；酒醴酸，不胜饮也；府粟郁⑧，而不胜食。又厚藉敛于百姓，而不以分馁民。夫藏财而不用，凶也。财苟失守，下其报环至；其次昧财之失守，委而不以分人者，百姓必进自分也。故君人者与其请于人，不如请于己也。"

【注释】

①易：改变。

②栏牢：关牲畜的圈。

③胜：禁得住，承受得了。

④蠹（dù）：生蛀虫。户：门。

⑤襦（rú）：短衣。裤（kù）：胫衣，类似后世的套裤。藏：指储物之所。

⑥醯（xī）：醋。醢（hǎi）：肉酱。

⑦沽：卖。

⑧郁：腐臭。

【译文】

景公说："这样的话，那么该用什么方法改变这种情况？"

晏子回答说："用美好的政治来改变这种情况。现在您的牛马在棚圈里衰老，不能再驾车了；车子在大门里生了蛀虫，不能再乘坐了；衣裘袄裤在储藏室里破旧腐朽，不能再穿了；醋和肉酱变质，不能再卖了；美酒变酸，不能再喝了；仓库里粮食发霉，不能再吃了。可是又对老百姓加重赋敛，却不把钱粮分给饥民。聚敛财物该使用时却不使用，这是凶险的事。财物如果丢失了，下面的报告就频繁地到来；其次是隐瞒财物丢失的情况，即使丢弃了也不拿来分给人民，这样，就会逼得老百姓去仓库里分财物。所以当君主的如果想把君位传给子孙，与其求助于人，不如反躬自求。"

景公路寝台成逢于何愿合葬晏子谏

景公修建路寝台侵占了逢于何家的墓地，致使其母死后无法与其父合葬。晏子批评景公扩大宫室，侵夺人家的居处；广为台榭，毁坏人家的坟墓，让生者不得安居，死者不能合葬。这不是君主该做的。君主极力满足私欲，不顾小民死活，这不是保住国家的办法。最终说服了景公允许合葬。

景公成路寝之台。逢于何遭丧，遇晏子于途，再拜乎马前。晏子下车挹之^①，曰："子何以命婴也？"对曰："于何之母死，兆在路寝之台牖下^②，愿请命合骨。"晏子曰："嘻！难哉！虽然，婴将为子复之^③。适为不得^④，子将若何？"对曰："夫君子则有以^⑤。如我者侪小人^⑥，吾将左手拥格^⑦，右手梱心^⑧，立饿枯槁而死，以告四方之士曰：'于何不能葬其母者也。'"晏子曰："诺。"

【注释】

①挹：同"揖"，作揖，拱手行礼。

②兆：墓地。牖（yǒu）：窗。

③复：禀告。

④适：如果。不得：指不得其请，即请求不被允许。

⑤君子：对人的尊称。有以：有办法。

⑥侪（chái）：辈。

⑦格：通"辂（lù）"，车辕前端的横木，用来牵引车。

⑧梱（kǔn）：敲击。

【译文】

　　景公建成了路寝台。逢于何遇上丧事，在路上碰到了晏子，在晏子的马前拜了两拜。晏子下了车，向他作揖还礼，说："您对我有什么吩咐？"逢于何回答说："我的母亲死了，我家坟地的界域在路寝台的台基下，希望您请求君主允许将我的母亲与父亲合葬。"晏子说："嘿！难哪！虽说这样，但我将为您禀报这件事。如果得不到允许，您将怎么办？"逢于何回答说："您是有办法的。像我这样的小民，如果不蒙允许，我将左手挽着灵车辕端的横木，右手捶胸，站着饿得枯干了死去，并且告诉四面八方的士人说：'我是个不能安葬自己母亲的人。'"晏子说："好吧。"

遂入见公，曰："有逢于何者，母死，兆在路寝，当如之何？愿请合骨。"

公作色不说，曰："古之及今，子亦尝闻请葬人主之宫者乎？"

晏子对曰："古之人君，其宫室节，不侵生民之居；台榭俭，不残死人之墓。故未尝闻诸请葬人主之宫者也。今君侈为宫室，夺人之居；广为台榭，残人之墓。是生者悉忧，不得安处；死者离易，不得合骨。丰乐侈游，兼傲生死，非人君之行也。遂欲满求，不顾细民①，非存之道也。且婴闻之，生者不得安，命之曰蓄忧；死者不得葬，命之曰蓄哀。蓄忧者怨，蓄哀者危。君不如许之。"

公曰："诺。"

【注释】

① 细民：小民。

【译文】

晏子于是入朝见景公，说："有个叫逢于何的，他的母亲死了，坟地的界域在路寝台的台基下，应当怎么办？希望您允许合葬。"

景公变了脸色，不高兴地说："从古至今，您曾听说过请求在君主的宫中埋葬死人的吗？"

　　晏子回答说："古代的君主，他们的宫室节俭，修建宫室不侵占活人的住处；他们的台榭俭朴，修筑台榭不毁坏死人的坟墓。所以不曾听说过请求在君主宫中埋葬死人的。现在您把宫室修建得很奢侈，侵占了人家的住处；把台榭修筑得很宽大，毁坏了人家的坟墓。这样就让活着的人忧愁，不能安居；让死了的人尸骨离散，不能合葬。您尽情地游玩作乐，对活人死人全都轻慢，这不是君主应该做的。您极力满足私欲，不顾小民死活，这不是保住国家的办法。况且我听说过，活着的人不能安居，这叫做聚积忧愁；死了的人不能埋葬，这叫做聚积悲哀。聚积忧愁的怨恨您，聚积悲哀的对您有危害。您不如答应了。"

　　景公说："好吧。"

　　晏子出，梁丘据曰："自古及今，未尝闻求葬公宫者也，若何许之？"公曰"削人之居，残人之墓，凌人之丧，而禁其葬，是于生者无施，于死者无礼。《诗》云：'谷则异室，死则同穴①，'吾敢不许乎？"

【注释】

①"谷则"二句：见《诗·王风·大车》。谷，生，活着。

【译文】

　　晏子出朝以后，梁丘据说："从古至今，不曾听说过请求在君主宫中埋葬死人的，您为什么答应了？"景公说：

"侵占人家的住处，毁坏人家的坟地，傲视人家的丧事，禁止人家埋葬，这样就是对活着的人不施恩惠，对死了的人不讲礼仪。《诗》上说：'活着不能住一屋，死后也要葬一墓。'我怎敢不答应呢？"

逢于何遂葬其母路寝之牖下，解衰去绖^①，布衣縢履^②，玄冠茈武^③。踊而不哭^④，躃而不拜^⑤。已乃涕洟而去^⑥。

【注释】

①衰（cuī）：丧服。以麻布披于胸前，服三年之丧者使用。绖（dié）：穿丧服时用来束腰的麻绳。

②縢（téng）：绳子。履：鞋子。

③玄：黑色。茈：通"紕（pí）"，除丧后戴的帽子。武：系帽的带子。

④踊：跳跃。此指顿足。

⑤躃：通"擗（pǐ）"，捶胸。

⑥涕洟（tì）：指流下眼泪鼻涕。涕，眼泪。洟，鼻涕。

【译文】

逢于何于是就把他母亲埋葬在路寝台的台基下，脱去了孝衣孝服，穿上布衣和用绳子编的鞋，戴上黑帽子。脚用力踏着地，但不啼哭；手使劲捶着胸，但不跪拜。埋葬完了以后，才流着鼻涕眼泪离开了。

景公嬖妾死守之三日不敛晏子谏

　　景公的宠妾死后，景公守着她的尸体三天不吃饭，希望她复生。晏子假称有医生能起死回生，让景公离开后便命人把尸体收殓起来。面对景公的责备，晏子阐述说：君主正确，臣子服从，叫做顺从；君主邪僻，臣子服从，叫做背逆。如今你行为邪僻，疏远贤人，任用谗佞，为宠妾之死过度悲哀，这种行为不可以引导人民，不可以保住国家，最终使景公依从了晏子的处置。

景公嬖妾婴子死。公守之，三日不食，肤著于席不去①。左右以复，而君无听焉。

晏子入，复曰："有术客与医俱言曰：'闻婴子病死，愿请治之。'"

公喜，遽起曰②："病犹可为乎？"

晏子曰："客之道也③，以为良医也，请尝试之。君请屏洁④，沐浴饮食，间病者之宫⑤，彼亦将有鬼神之事焉⑥。"

公曰："诺。"屏而沐浴。

【注释】

①肤：身体。

②遽：速，立刻。

③道：说，通报。

④屏（bǐng）洁：退居洁室。

⑤间（jiàn）：间隔，隔开。

⑥鬼神之事：指向鬼神祈祷之事。

【译文】

景公的宠妾婴子死了。景公守着她的尸体，一连三天不吃饭，坐在席子上不离开。身边的人禀报事情，景公一点儿也不听。

晏子进去禀告说："有个懂道术的客人跟医生一起到来，说：'听说婴子死了，希望允许把她治活。'"

景公很高兴，赶紧起身说："婴子的病还可以治好吗？"

晏子说："据客人说，他是一个高明的医生，请让他试试看。请您退居清洁之处，洗澡吃饭，离开病人的宫室，他将向鬼神祈祷。"

景公说："好吧。"于是退出去洗澡。

晏子令棺人入敛①，已敛而复曰："医不能治病，已敛矣，不敢不以闻。"

公作色不说，曰："夫子以医命寡人，而不使视；将敛，而不以闻。吾之为君，名而已矣。"

晏子曰："君独不知死者之不可以生邪？婴闻之，君正臣从谓之顺，君僻臣从谓之逆。今君不道顺而行僻②，从逆者迩③，导害者远④。谗谀萌通⑤，而贤良废灭，是以谄谀繁于间⑥，邪行交于国也。昔吾先君桓公用管仲而霸，嬖乎竖刁而灭。今君薄于贤人之礼，而厚嬖妾之哀。且古圣王畜私不伤行⑦，敛死不失爱⑧，送死不失哀。行伤则溺己，爱失则伤生，哀失则害性，是故圣王节之也。死即毕葬，不留生事⑨；棺椁衣衾⑩，不以害生养；哭泣处哀，不以害生道。今朽尸以留生，广爱以伤行，修哀以害性，君之失矣。故诸侯之宾客，惭入吾国；本朝之臣，惭守其职。崇君之行，不可以导民；从君之欲，不可以持国。且婴闻之，朽而不敛，谓之僇尸⑪；臭而不收，谓之陈胔⑫。反明王之性，行百姓之诽⑬，而内嬖妾于僇胔⑭，此之为不可。"

公曰："寡人不识，请因夫子而为之⑮。"

晏子复曰："国之士大夫、诸侯四邻宾客皆在外，君其哭而节之。"

【注释】

①敛：通"殓"，把死者装入棺材。

②道：行，做。

③迩：近，亲近。

④导害：指匡正过失。

⑤萌通：产生并通达。

⑥间：侧，近旁。

⑦畜私：养活自己宠爱的人。畜，养。

⑧不失爱：不失之于过爱。下句"不失哀"指不失之于过哀。

⑨不留生事：指不保留尸体望其复生。

⑩棺椁：内棺叫"棺"，外棺（套在棺外面的）叫"椁"。衾（qīn）：被子。

⑪僇尸：陈尸示众。僇，通"戮"。

⑫胔（zì）：腐烂的尸体。

⑬诽：批评，指责。

⑭内：同"纳"。

⑮因：凭，靠。

【译文】

晏子命令管棺材的人把尸体收殓起来，等到收殓完了，向景公禀报说："医生不能治活婴子，已经把尸体收殓起来了，不敢不把这事告诉您让您知道。"

景公变了脸色，不高兴地说："先生您拿医生的话命令我，不让我看；要收殓尸体，却不告诉我让我知道。我当君主，只是徒有其名罢了。"

晏子说："您难道不知道人死不可复生吗？我听说过，君主正确臣子服从叫做顺从，君主邪僻臣子服从叫做乖逆。现在您不做顺理的事，却做邪僻的事，跟从您干乖逆事情的人您就亲近，匡正您的过失的人您就疏远。阿谀谗佞的人官运亨通，贤德优秀的人遭到废黜，因此阿谀谄媚之徒聚集在您身边，邪僻的行为遍布国内。从前我们的先君桓公任用管仲，因而称霸诸侯；宠爱竖刁，因而遭到灭亡。现在您对待贤德之人的礼节很轻慢，而对宠妾的哀痛却很深切。况且，古代的圣贤君主，他们养活自己宠爱的人，但不妨害自己的行为；收殓死了的人，但不过分亲爱；为死了的人送葬，但不过分悲哀。行为受到妨害就会使自己沉溺在私欲中，过分亲爱就会伤害身体，过分悲哀就会伤害本性。因此，圣贤的君主对这些都加以节制。人死了就收殓起来，不保留尸体希望复生；棺椁衣被不过分耗费，不让这些妨害对活人的供养；哭泣悲哀有节制，不让它伤害了养生之道。现在您保留着快要腐烂的尸体，希望她复生，过分喜爱，因而妨害了行为，哀痛不止，因而伤害了本性，您错了。所以，诸侯的使者以到我国来为羞惭，我们朝廷的臣子以忠于职守为羞耻；如果推崇您的行为，就不可以引导人民；如果满足您的私欲，就不可以保住国家。况且我听说过，尸体腐烂了却不收殓，这叫做陈列尸体；尸体腐臭了却不收殓，这叫做陈列臭肉。违反英明君主的本性，做百姓们非难的事情，把宠妾的尸体放到腐烂发臭的地步，这样做是不可以的。"

景公说："我不知道这些道理，请允许我依靠先生您处置这件事。"

晏子禀告说："我国的士和大夫以及诸侯四邻的宾客都在外面，您哭的时候还是加以节制吧。"

仲尼闻之，曰："星之昭昭①，不若月之曀曀②；小事之成，不若大事之废；君子之非，贤于小人之是也。其晏子之谓欤！"

【注释】

①昭昭：明亮的样子。

②曀曀（yì）：阴晦的样子。

【译文】

仲尼听到这件事以后，说："星星的光明，不如月亮的阴晦。做小事做成了，不如做大事做不成。君子的缺点，胜过小人的优点。这些大概说的就是晏子吧！"

景公欲以人礼葬走狗晏子谏

　　景公命令给自己死去的猎犬准备棺材和祭品。晏子批评景公加重赋税，耗费钱财与近侍取乐；鳏寡孤独挨饿受冻得不到救济，死狗却得到棺材享受祭品。如此行事，必遭百姓怒恨、诸侯轻视。指出以人礼葬猎犬，绝非小事，迫使景公改变了主意。

景公走狗死^①。公令外共之棺^②，内给之祭^③。晏子闻之，谏。

【注释】

①走狗：善跑的狗，猎狗。

②共：通"供"。

③给（jǐ）：供给。

【译文】

景公的猎狗死了，景公命令宫外供给狗棺材，宫内供给狗祭品。晏子听到这件事以后，就去劝谏。

公曰："亦细物也^①，特以与左右为笑耳^②。"

晏子曰："君过矣！夫厚藉敛不以反民^③，弃货财而笑左右，傲细民之忧而崇左右之笑^④，则国亦无望已。且夫孤老冻馁，而死狗有祭；鳏寡不恤，而死狗有棺。行辟若此^⑤，百姓闻之，必怨吾君；诸侯闻之，必轻吾国。怨聚于百姓，而权轻于诸侯，而乃以为细物，君其图之。"

公曰："善。"趣庖治狗以会朝属^⑥。

【注释】

①细物：小事，微不足道的事。

②特：只不过。

③反：同"返"，还给。

④崇：重，看重。

⑤辟：邪僻。

⑥趣（cù）：催促。庖：厨师。朝属：朝廷的臣子们。

【译文】

景公说："这不过是一件小事，只是借此跟身边的人取乐罢了。"

晏子说："您错了！您加重赋敛，不把收敛来的钱财分给百姓，耗费钱财，以便与身边的人取乐，轻视小民的忧愁，看重身边人的快乐，这样做国家就没有希望了。况且，孤儿老人挨饿受冻，而死去的狗却有祭品；鳏夫寡妇得不到救济，而死去的狗却有棺材。这样干邪僻之事，百姓听到了，必定怨恨我们君主；诸侯听到了，必定轻视我们国家。对您的怨恨在百姓那里聚积，国家的权威被诸侯轻视，可是您竟认为如此对待狗是小事，希望您考虑考虑。"

景公说："您说得好。"于是赶紧催促厨师宰割狗，用来宴会群臣。

景公登射思得勇力士与之图国晏子谏

　　景公想得到天下的勇士与之治理国家。晏子指出，礼才是社会不可或缺的，礼可以制约勇力之士的非礼行为，礼是用来统治人民的。没有礼，就不能治理国家。

景公登射①，晏子修礼而侍。公曰："选射之礼②，寡人厌之矣。吾欲得天下勇士，与之图国。"

晏子对曰："君子无礼，是庶人也③；庶人无礼，是禽兽也。夫勇多则弑其君，力多则杀其长，然而不敢者，维礼之谓也。礼者，所以御民也；辔者④，所以御马也。无礼而能治国家者，婴未之闻也。"

景公曰："善。"乃饰射⑤，更席，以为上客，终日问礼。

【注释】

①登射：指走上射箭的位置。

②选射之礼：古代有通过射箭选拔人才的制度，射箭时有一套礼仪，所以这里说"选射之礼"。

③庶人：众人，一般人。

④辔（pèi）：马缰绳。

⑤饰射：整备射礼。饰，通"饬"，整治。

【译文】

景公走到射箭的位置射箭，晏子依照射箭的礼仪陪伴景公。景公说："通过大射选拔人才这一套礼仪，我已经厌烦了。我想得到天下的勇士，跟他们一起商量国家大事。"

晏子回答说："君子如果没有礼仪，那就是一般人了；一般人如果没有礼仪，那就是禽兽了。过于勇猛的人就会杀死他们的君主，过于有力的人就会杀死他们的长辈，然而他们不敢这样做，只是因为有礼仪约束啊。礼仪，是用来统治人民的；缰绳，是用来驾驭马匹的。没有礼仪却能治理好国家的，我不曾听说过。"

　　景公说："你说得好。"于是就整备射礼，更换坐席，把晏子当成上宾，一整天都向晏子询问礼仪。

第三卷　内篇问上第三

庄公问威当世服天下时耶晏子对以行也

晏子认为，要想在世上树立威严，让天下人归服，不靠时机而靠行动；进而指出，只要热爱国内人民，重视士民的生命和力气，听信任用贤德之人，安于仁义，乐于利世，就能树立威严，让天下人归服。齐庄公不采纳晏子的主张，任用勇力之士，最终遭到杀身之祸。

庄公问晏子曰："威当世而服天下^①，时耶？"

晏子对曰："行也。"

【注释】

①服：使归服。

【译文】

庄公问晏子说："在世上树立威严，让天下人归服，靠的是时机吧？"

晏子回答说："靠的是实际去做。"

公曰："何行？"

对曰："能爱邦内之民者^①，能服境外之不善；重士民之死力者，能禁暴国之邪逆；听赁贤者^②，能威诸侯；安仁义而乐利世者，能服天下。不能爱邦内之民者，不能服境外之不善；轻士民之死力者，不能禁暴国之邪逆；愎谏傲贤者之言^③，不能威诸侯；倍仁义而贪名实者^④，不能服天下。威当世而服天下者，此其道也已。"而公不用，晏子退而穷处。

【注释】

①邦：国。指诸侯国。

②听赁贤者：听信任用贤德之人的人。赁，任用。

③愎（bì）谏：固执己见，不听劝谏。愎，固执，任性。

④倍：通"背"。名实：名利。

庄公说："怎样去做？"

晏子回答说："能爱国内百姓的人，就能让国外的不肖之人归服；看重士和百姓的生命与力量的人，就能制止那些残暴国家的侵犯；听信、任用贤德之人的人，就能在诸侯中树立威严；安于仁义，以有利社会为乐的人，就能使天下人归服。不能爱国内百姓的人，就不能让国外的不肖之人归服；看轻士和百姓的生命与力量的人，就不能制止那些残暴国家的侵犯；固执己见不听劝谏、轻视贤德之人的人，就不能在诸侯中树立威严；违背仁义、贪图名利的人，就不能使天下人归服。在世上树立威严，让天下人归服，就是实行的这种方法啊。"可是庄公不听晏子的话，于是晏子辞去官职，居住在穷乡僻壤。

公任勇力之士，而轻臣仆之死①。用兵无休，国罢民害②。期年，百姓大乱，而身及崔氏祸③。

【注释】

①臣仆：奴仆。

②罢：通"疲"。

③身及崔氏祸：自身赶上了崔杼的灾祸。指庄公淫乱为崔杼所杀事。及，赶上。

【译文】

庄公任用有勇力的人，看轻奴仆们的生命。用兵作战没有休止，国家疲困，人民受难。过了一年，百姓大乱，庄公自己也遭到了崔杼的杀身之祸。

　　君子曰："尽忠不豫交①，不用不怀禄，其晏子可谓廉矣。"

【注释】
①豫交：指预先结交君主。
【译文】
　　君子评论说："侍奉君主尽忠，但不预先结交君主，不被任用而不贪恋俸禄，晏子真可以说是廉正了。"

景公问圣王其行若何
晏子对以衰世而讽

景公问古代圣贤君王的所作所为如何。晏子回答说：他们的行为公正无邪，不结党营私，不偏爱女色；供养自己微薄，供养人民丰厚；不侵占大国的土地，不损耗小国的财物；不用军队胁迫别人，不靠强大威逼别人；对诸侯施以恩德，给以教诲，对百姓施以慈爱，给予利益。所以四海之内都归附他们；而衰落社会的君主与之相反，所以众叛亲离。景公听从了晏子的主张，因而诸侯都归附他，百姓都亲近他。

　　景公外傲诸侯，内轻百姓，好勇力，崇乐以从嗜欲①。诸侯不说，百姓不亲。公患之，问于晏子曰："古之圣王，其行若何？"

　　晏子对曰："其行公正而无邪，故谗人不得入；不阿党②，不私色③，故群徒之卒不得容④；薄身厚民，故聚敛之人不得行；不侵大国之地，不耗小国之民，故诸侯皆欲其尊；不劫人以兵甲，不威人以众强，故天下皆欲其强；德行教诲加于诸侯，慈爱利泽加于百姓，故海内归之若流水。今衰世君人者，辟邪阿党，故谗谄群徒之卒繁；厚身养，薄视民，故聚敛之人行；侵大国之地，耗小国之民，故诸侯不欲其尊；劫人以兵甲，威人以众强，故天下不欲其强；灾害加于诸侯，劳苦施于百姓，故雠敌进伐，天下不救，贵戚离散，百姓不与⑤。"

【注释】

①从：同"纵"。

②阿（ē）党：结党营私。

③私：偏爱。

④群徒之卒：指那些受宠爱的臣妾。

⑤与（yǔ）：帮助。

【译文】

　　景公对外傲视诸侯，对内轻视百姓，喜好勇力，崇尚作乐，竭力纵欲。诸侯都不喜欢他，百姓都不亲附他。景公对此很忧虑，就问晏子说："古代的圣贤君王，他们的行为怎么样？"

晏子回答说："他们的行为公正无邪，所以善进谗言的人不能入朝当官；不结党营私，不偏爱女色，所以那些靠谄媚取宠的臣妾不能存身；对自己供养微薄，对人民供养丰厚，所以善于聚敛民财的人不能畅行无阻；不侵占大国的土地，不损耗小国人民的财物，所以诸侯都希望他们地位尊贵；不靠军队胁迫人民，不凭人多势众威逼人民，所以天下人都希望他们势力强大；对诸侯用德行感化，给以教诲，对百姓给予慈爱，施加利益，所以普天下的人就像流水一样归附他们。现在处于衰落社会的君主，他们行为邪僻，结党营私，所以谗佞谄媚之徒众多；对自己供养丰厚，对人民供养微薄，所以善于聚敛民财的人肆行无忌；侵占大国的土地，损耗小国人民的财物，所以诸侯都不希望他们地位尊贵；靠军队胁迫人民，凭人多势众威逼人民，所以天下人都不希望他们势力强大；把灾害加到诸侯头上，把劳苦加在百姓身上，所以敌国来进攻的时候，天下的人都不来救援，同姓的显贵东逃西散，百姓们都不援助。"

公曰："然则何若①？"

对曰："请卑辞重币以说于诸侯②，轻罪省功以谢于百姓③，其可乎？"

公曰："诺。"于是卑辞重币而诸侯附，轻罪省功而百姓亲。故小国入朝④，燕、鲁共贡。

【注释】

①何若：何如，怎么办。

②币：用作馈赠的礼品。

③谢：道歉，谢罪。

④入朝：指到齐国朝拜。

【译文】

景公说："那么应该怎么办？"

晏子回答说："请您用谦卑的言辞、丰厚的聘币来取悦诸侯，用减轻刑罚、减少徭役的办法向百姓道歉，这样大概就可以了吧！"

景公说："好吧。"于是言辞谦卑，聘币丰厚，因而诸侯都归附他；减轻刑罚，减少徭役，因而百姓都亲附他。所以小国都到齐国来朝拜，燕国、鲁国都来进贡。

墨子闻之，曰："晏子知道①。道在为人，而失在为己。为人者重，自为者轻。景公自为，而小国不为②；为人，而诸侯为役。则道在为人，而行在反己矣。故晏子知道矣。"

【注释】

①知道：懂得治国之道。

②不为：指不为齐所用。

【译文】

墨子听到这事以后，说："晏子懂得治国之道。治国之道在于为别人打算，失策在于为自己打算。为别人打算的人地位就尊贵，为自己打算的人地位就轻微。景公为自己打算时，小国都不为其所用；为别人打算时，诸侯都甘心被他役使。那么，治国之道在于为别人打算，君主的行为在于反躬自求了。所以晏子算是懂得治国之道了。"

景公问欲如桓公用管仲
以成霸业晏子对以不能

　　景公想让晏子辅佐自己以便彰显先君桓公的功德、继承管子的功业。晏子在详细回顾了桓公之所以能称霸诸侯的种种善政之后指出：如今君主疏远贤人，任用谗佞；无休无止地役使百姓，不知满足地敛取赋税；向百姓索取的多而施与的却很少，对诸侯索取的多而礼节却很轻慢；库藏的财物腐烂蛀蚀，对诸侯的礼仪悖乱；粮食严密储藏，深深积怨于百姓；君臣互相憎恨仇视，政令刑罚反复无常。国家有丧失的危险，又怎能彰显先君的功德、继承管子的功业？

景公问晏子曰："昔吾先君桓公，有管仲夷吾保义齐国①，能遂武功而立文德②。纠合兄弟③，抚存冀州④。吴、越受令，荆楚惛忧⑤。莫不宾服⑥，勤于周室⑦。天子加德，先君昭功。管子之力也。今寡人亦欲存齐国之政于夫子⑧，夫子以佐佑寡人⑨，彰先君之功烈，而继管子之业。"

【注释】

①保义（yì）：治理使安定。义，安定。

②遂：成。

③兄弟：指其他诸侯。

④冀州：借指中原地区的国家。

⑤惛：通"睧"（古文"闻"字），听到。

⑥宾服：佩服，归服。

⑦勤：辛劳。

⑧存：寄，托付。

⑨佐佑：通"左右"，辅助，帮助。

【译文】

景公问晏子说："从前我们的先君桓公，有管仲治理齐国，能够成就武功，树立文德。会合其他诸侯，保全中原之国。吴国、越国服从命令，楚国闻而恐惧。天下没有不敬服的，保护了周王室。使周天子的美德增加，使先君桓公的功绩卓著。这些都是管子的力量啊。现在我也想把齐国的政事托付给先生您，先生您辅佐我，使先君桓公的功业发扬光大，继承管子的事业。"

晏子对曰："昔吾先君桓公，能任用贤①。国有什伍②，治遍细民；贵不凌贱，富不傲贫；功不遗罢③，佞不吐愚④；举事不私，听狱不阿⑤；内妾无羡食⑥，外臣无羡禄，鳏寡无饥色；不以饮食之辟害民之财，不以宫室之侈劳人之力。节取于民而普施之，府无藏⑦，仓无粟⑧。上无骄行，下无诌德。是以管子能以齐国免于难，而以吾先君参乎天子⑨。今君欲彰先君之功烈，而继管子之业，则无以多辟伤百姓，无以嗜欲玩好怨诸侯，臣孰敢不承善尽力以顺君意？今君疏远贤人，而任谗谀；使民若不胜⑩，藉敛若不得⑪；厚取于民而薄其施，多求于诸侯而轻其礼；府藏朽蠹而礼悖于诸侯，菽粟藏深而怨积于百姓；君臣交恶⑫，而政刑无常。臣恐国之危失，而公不得享也。又恶能彰先君之功烈，而继管子之业乎？"

【注释】

①能任：能力胜任。

②国有什伍：指管仲在齐国以治军的办法治理政务。什伍，借指军队。

③罢：同"疲"。

④佞：指聪明有才智的人。吐：抛弃。

⑤阿（ē）：曲从。

⑥羡：多余。

⑦府：藏钱财的地方。

⑧仓：藏粮食的地方。

⑨参（cān）：并列。乎：于。

⑩使民若不胜：竭力役使人民，还像没有满足似的。

⑪藉敛若不得：尽量收取赋税，还像没有得到似的。

⑫交恶（wù）：互相憎恨仇视。

【译文】

晏子回答说："从前我们的先君桓公，才能胜任，重用贤人。用治军的方法治理政务，管理遍及平民百姓；尊贵的不欺凌卑贱的，富裕的不轻视贫穷的；有功绩的不遗弃疲惫而无功的，聪明的不鄙弃愚笨的；处事不徇私情，断案公正无私；宫内的宠妾没有多余的食物，朝廷的臣子没有多余的俸禄，鳏夫寡妇没有饥饿的颜色；不因为自己饮食的嗜好而耗费人民的钱财，不因为自己宫室的豪华而让人民受劳苦。向人民收敛财物有节制，把国家的财物普遍地施舍给人民。国家钱库里没有积压的钱财，粮库里没有积压的粮食。君主没有骄横的品行，臣子没有谄媚的品德。因此管子能让齐国免于危难，能让我们的先君桓公与周天子比配。现在您想使先君桓公的功业发扬光大，继承管子的事业，那就不要因为自己嗜好多而使百姓受损害，不要因为自己的私欲使诸侯怨恨。这样，臣子谁敢不继承美好的品德，尽心尽力，按照您的意愿去做呢？现在您疏远贤德之人，却任用谗佞谄谀之徒；竭力役使人民，还像不能满足似的；尽量收敛钱财，还像没有得到似的；向人民收取的很多，施舍给人民的却很少；向诸侯索取的很多，却看轻自己对诸侯的礼仪；仓库里收藏的东西都腐烂生了蛀虫，可是对诸侯的礼仪却悖乱了；粮食储藏得很严，可是在百姓那里却积怨甚多；君臣之间互相仇视，政令刑罚反复无常。我担心国家有丧失的危险，而您也就不能享有齐国了。又怎么能够让先君桓公的功业发扬光大，继承管子的事业呢？"

景公问治国何患
晏子对以社鼠猛狗

　　景公问晏子治理国家的祸害是什么。晏子回答是寄居在社坛的老鼠：既不能用水灌，又不能用烟熏。喻指君主身边的侍从就是国家的社鼠：侍从朝内朝外为害，因为有君主庇护而不能被除掉。又以狗猛而酒酸不售的寓言，比喻掌权的宠臣就是国家的猛狗。所以，君主的侍从和掌权的宠臣，就像社鼠和猛狗，是国家的祸害。

景公问于晏子曰："治国何患？"

晏子对曰："患夫社鼠^①。"

【注释】

①社鼠：寄居在社坛下的老鼠。社，本指土神。古代
　迷信，人们筑社坛祭社神以祈祷丰年。所祭土神叫
　社，祭土神的地方也叫社。这里指后者。社坛周围
　要种上适当的树，所以下文说"束木"。

【译文】

景公向晏子问道："治理国家忧虑什么？"

晏子回答说："忧虑的是那社鼠。"

公曰："何谓也？"

对曰："夫社，束木而涂之^①，鼠因往托焉。熏
之则恐烧其木，灌之则恐败其涂^②。此鼠所以不可
得杀者，以社故也。夫国亦有焉，人主左右是也。
内则蔽善恶于君上，外则卖权重于百姓^③。不诛之
则为乱，诛之则为人主所案据^④，腹而有之^⑤。此亦
国之社鼠也。人有酤酒者^⑥，为器甚洁清，置表甚
长^⑦，而酒酸不售。问之里人其故，里人云：'公狗
之猛，人挈器而入，且酤公酒，狗迎而噬之^⑧，此
酒所以酸而不售也。'夫国亦有猛狗，用事者是
也^⑨。有道术之士，欲干万乘之主^⑩，而用事者迎而
龁之^⑪。此亦国之猛狗也。左右为社鼠，用事者为
猛狗，主安得无壅，国安得无患乎？"

①涂之：给它垒上墙。

②败：毁坏。

③权重：权力大。

④案据：掌握，把持。

⑤腹而有之：指厚养这些人。腹，厚。

⑥酤：卖。

⑦表：标记。

⑧噬（shì）：咬。

⑨用事者：掌权的人。此指君主的宠臣。

⑩干：求，求得任用。万乘（shèng）：代指大国。周制，天子出兵车万辆，诸侯出兵车千辆。春秋战国时期，诸侯国穷兵黩武，扩大军备，所以"万乘"又代指大诸侯国。

⑪龁（hé）：咬。

【译文】

景公说："您说的是什么意思？"

晏子回答说："社坛那个地方，周围种上树，垒上墙，老鼠于是就去住在那里。用烟熏它，担心烧了那里的树；用水灌它，担心毁了那里的墙。这老鼠之所以不能被捉住杀死，是因为有社坛的缘故。国家也有社鼠，君主身边的侍从就是。这些人在朝廷内对君主隐瞒善与恶，在朝廷外向百姓显示权威。如果不杀掉他们，他们就要作乱；如果要杀掉他们，就被君主所庇护，而且君主还厚养这些人。这些人也就是国家的社鼠啊。有个卖酒的人，准备的酒器非常干净，设置的标记很长大，可是酒却放酸了卖不出去。就向同乡人问是什么原因，同乡人说：'您的狗凶猛，人们拿着酒器要进去买您的酒，狗迎上来咬他们，这就是酒放酸了卖不出去的原因。'国家也有猛狗，掌权的宠臣就是。有掌握治国通术的人，想去拥有万辆兵车的大国君主那里谋求官职，可是掌权的宠臣却迎上去咬他，这些人就是国家的猛狗啊。君主身边的侍从成为社鼠，掌权的宠臣成为猛狗，君主怎么能不被隔绝，国家怎么能没有祸患呢？"

景公问欲令祝史求福
晏子对以当辞罪而无求

　　景公问晏子可否通过祭祀上帝、祖庙而求福。晏子首先介绍了古代君主的做法：政令符合民心，行为顺应神意；宫室、饮食均有节制，以保护山林川泽资源；祭祀只是悔过，而不敢求福。因此神民俱顺，山林川泽献出财富。然后指出，现在君主的做法恰恰与之相反，因此神民俱怨，应当谢罪，却想求福，是不可能的。景公于是采取了一系列改正措施，终于受到邻国的敬畏和百姓的亲附。

景公问于晏子曰："寡人意气衰，身病甚①。今吾欲具珪璋牺牲②，令祝宗荐之乎上帝宗庙③，意者礼可以干福乎④？"

晏子对曰："婴闻之，古者先君之干福也，政必合乎民，行必顺乎神；节宫室，不敢大斩伐，以无逼山林；节饮食，无多畋渔，以无逼川泽；祝宗用事，辞罪而不敢有所求也。是以神民俱顺，而山川纳禄⑤。今君政反乎民，而行悖乎神；大宫室，多斩伐，以逼山林；羡饮食，多畋渔，以逼川泽。是以民神俱怨，而山川收禄。司过荐罪⑥，而祝宗祈福，意者逆乎！"

公曰："寡人非夫子，无所闻此，请革心易行。"

【注释】

①病：疲惫。

②珪璋：都是玉名。古人祭祀用珪而不用璋。

③祝宗：都是掌祭祀的官。荐：献，进献祭品。

④意者：心想，考虑。

⑤纳禄：献福。指献出财富。纳，致。

⑥司过：官职名。荐：举。

【译文】

景公向晏子问道："我的精神衰弱，身体疲惫极了。现在我打算准备好珪璧和牛羊猪等祭品，让祝官宗官敬献给天帝和祖宗神灵，我想祭祀可以求福吧？"

晏子回答说："我听说过，古代君主求福的时候，政治必定符合民心，行为必定顺应神意；修建宫室有节制，不敢大量砍伐树木，以便不毁灭山上的森林；饮食有节制，不频繁打猎捕鱼，以便不毁灭河流沼泽的野兽和鱼类；祝官宗官祭祀神灵时，只是悔过，不敢求福。因此神灵和百姓都顺从君主的意愿，高山河流都献出自己的财富。现在您的政治违背民心，行为违背神意；宫室修建得高大，大量砍伐树木，因而毁灭了山上的森林；饮食丰盛，频繁地打猎捕鱼，因而毁灭了河流沼泽的野兽和鱼类。因此神灵和百姓都怨恨，高山河流都收回自己的财富。司过官列举出您的过错来，祝官宗官却为您求福，我想这是互相矛盾的吧！"

景公说："我假如没有先生您，就听不到这些道理，请允许我改变自己的思想和行为。"

于是废公阜之游，止海食之献，斩伐者以时^①，畋渔者有数。居处饮食，节之勿羡。祝宗用事，辞罪而不敢有所求也。故邻国忌之^②，百姓亲之。晏子没而后衰。

【注释】

①以时：按照一定季节。指在秋冬时砍伐，其时树木凋零，停止生长，是砍伐的季节。

②忌：惧怕，敬畏。

【译文】

于是取消去公阜游玩的打算，停止进献海味，砍伐树木按一定的季节，打猎捕鱼有一定的数量。住处饮食有节制，不过分豪华奢侈。祝官宗官祭祀的时候，向神灵悔过，不敢求福。所以邻国都敬畏景公，百姓都亲附景公。直到晏子死后，齐国才衰落下去。

景公问古之盛君其行如何
晏子对以问道者更正

　　景公问古代圣明君主的作为如何。晏子回答说：他们对自己供养微薄，对人民供养丰厚；昌明政治，推行教化；收取财物权衡有无，均衡贫富；诛罚不躲避权贵，赏赐不遗漏下民；不过度享乐，不过分悲哀；崇尚互利互爱，反对相害相恶，刑罚符合法律，罢免顺应民心；贤者居上位而不奢华，不贤者居下位而不怨恨；全国上下，同心同德。这就是圣明之君的所作所为。针对景公的不思进取，晏子指出，询问治国之道应端正态度。最终迫使景公改正了过失。

景公问晏子曰:"古之盛君①,其行如何?"

晏子对曰:"薄于身而厚于民,约于身而广于世②;其处上也,足以明政行教,不以威天下;其取财也,权有无,均贫富,不以养嗜欲;诛不避贵,赏不遗贱;不淫于乐,不遁于哀③;尽智导民而不伐焉④,劳力岁事而不责焉⑤;政尚相利,故下不以相害为行;教尚相爱,故民不以相恶为名;刑罚中于法,废罪顺于民。是以贤者处上而不华⑥,不肖者处下而不怨⑦。四海之内,社稷之中,粒食之民,一意同欲⑧,若夫私家之政。生有厚利,死有遗教。此盛君之行也。"

【注释】

①盛君:有大德的君主,圣明君主。

②约:少。

③遁于哀:悲哀不止的意思。

④伐:自夸。

⑤责:求。

⑥华:浮华。

⑦不肖(xiào):不贤。

⑧一意同欲:同心同德的意思。

【译文】

景公问晏子说:"古代有大德的君主,他们的所作所为怎么样?"

晏子回答说:"他们对自己供养微薄,对人民供养丰厚；对自己节俭，对世人广施钱财；他们居上位，足以使政治清明，推行教化，不以权势威逼天下人；他们敛取钱财，权衡有无，均衡贫富，不用敛取的钱财满足自己的嗜好；诛罚不躲避地位尊贵的人，赏赐不遗漏地位低下的人；不过分享乐，不过度悲哀；用尽才智引导人民向善，但不夸耀自己的功劳，勤劳于民事，但不苛求于人民；政治方面崇尚互相有利，所以人民不把互相损害当成好品行；教育方面崇尚互相爱护，所以人民不把互相厌恶当成好名声；施行刑罚符合法律，官吏升降顺应民心。因此，贤德的人居上位但不浮华，不贤德的人居下位但不怨恨。普天之下，全国之中，所有的人都同心同德，对待国事就像对待家事一样。他们活着有厚利施于人民，死后有遗教垂于后世。这就是大德的君主的所作所为。”

公不图①。晏子曰：“臣闻问道者更正②，闻道者更容。今君税敛重，故民心离；市买悖，故商旅绝；玩好充，故家货殚。积邪在于上，蓄怨藏于民；嗜欲备于侧，毁非满于国。而公不图。”公曰：“善。”于是令玩好不御③，公市不豫④，宫室不饰，业土不成，止役轻税。上下行之，而百姓相亲。

【注释】
①图：思考。
②更正：指端正意念。
③御：指进奉。

④豫：诳骗。

【译文】

　　景公不思考这些话。晏子又说："我听说询问治国之道的人就要端正自己的思想，听到治国之道的人就要端正自己的态度。现在您的赋税沉重，所以民心离散；买卖混乱，所以商人绝迹；供您玩赏的东西充足，所以人民都倾家荡产。上面聚积了很多邪僻的事情，人民那里埋藏了很多的怨恨；您喜好的东西堆积在身边，诅咒责难您的言论充斥在国内。可是您却不考虑这些。"景公说："您说得好。"于是下令玩赏的东西不再供奉，市场上不许欺诈，宫室不再修饰，已经动土的工程不再完成，停止徭役，减轻赋税。在上位的与在下位的都照此去做，因而百姓们都亲附景公。

景公问善为国家者何如
晏子对以举贤官能

    景公问晏子善于治理国家的君主的所作所为如何。晏子指出，提拔贤德的人，授官给有才能的人，就是他们治理国家的方法。接着指明求贤的方法：通过其交友来观察他，通过其作为来评价他。官运显赫，就观察他推举什么人；仕途困窘，就观察他不干哪些事；富庶了就观察他是否分钱财给别人，贫穷了就观察他是否不苟取钱财。

景公问晏子曰："莅国治民，善为国家者何如？"

晏子对曰："举贤以临国，官能以敕民①，则其道也。举贤官能，则民兴善矣。"

【注释】

①官能：授予有才能的人官职。敕：整饬，治理。

【译文】

景公问晏子说："治理国家管理人民，能够把国家治理得很好的人，他们的所作所为是怎样的？"

晏子回答说："提拔贤德的人来治理国家，让有才能的人当官来管理人民，这就是他们的方法。提拔贤德的，让有才能的人当官，那么人民就会向善了。"

公曰："虽有贤能，吾庸知乎①？"

晏子对曰："贤而隐，庸为贤乎？吾君亦不务乎是②，故不知也。"

【注释】

①庸：怎么，哪里。

②务：致力。是：此。

【译文】

景公说："即使有贤德的人和有才能的人，我怎么能了解呢？"

晏子回答说："贤德的人如果隐居，怎么能算得上贤德呢？您又不致力于求贤，所以不能了解。"

公曰：“请问求贤？”

对曰：“观之以其游①，说之以其行②。君无以靡曼辩辞定其行③，无以毁誉非议定其身。如此，则不为行以扬声，不掩欲以荣君④。故通则视其所举⑤，穷则视其所不为⑥；富则视其所分，贫则视其所不取。夫上士难进而易退也，其次易进易退也，其下易进难退也。以此数物者取人⑦，其可乎！”

【注释】

①游：交游，交结的朋友。

②说：评说，评论。

③靡曼：指言辞华丽。

④荣：通“营”，迷惑。

⑤通：官位显达，得志。

⑥穷：仕途困窘，不得志。

⑦物：事。

【译文】

景公说：“请问求贤的方法。”

晏子回答说：“通过他交往哪些人来观察他，通过他的所作所为来评价他。不要根据他的言辞华丽善辩判定他的行为，不要根据别人对他的非议诋毁或赞誉判定他的为人。这样，人们就不会为博得好品行来宣扬自己，就不会掩盖自己的私欲来迷惑君主。所以，如果官位显赫，就观察他推举些什么人；如果官运不好，就观察他不干哪些事；如果富裕，就观察他是否分钱财给别人；如果贫穷，就观察他是否不苟且拿取钱财。那些上等的士难于出来当官，但容易辞去官职；次一等的士容易出来当官，也容易辞去官职；下等的士容易出来当官，但难于辞去官职。凭着这几种情况来选拔人，大概就可以了吧！"

景公问君臣身尊而荣难乎晏子对以易

晏子认为：君主生活节俭，余财施与人民，君主就尊贵，人民就平安；臣子忠诚守信，不越权行事，政事就治理得好，自己就荣耀。如果君主加重赋税，进用谗佞，疏远公正之人，自身就危险；如果臣子结党营私，越权行事谋取私利，一味顺从君主而不匡正过错，就罢免他。

景公问晏子曰："为君身尊民安，为臣事治身荣①，难乎，易乎？"

晏子对曰："易。"

【注释】

①治：治理得好。

【译文】

景公问晏子说："当君主，自身尊贵，人民安定；当臣子，政事治理得好，自身荣耀。要做到这些，困难呢，容易呢？"

晏子回答说："容易。"

公曰："何若①？"

对曰："为君节养其余以顾民，则君尊而民安；为臣忠信而无逾职业，则事治而身荣。"

【注释】

①何若：何如，怎样去做。

【译文】

景公说："应该怎么做？"

晏子回答说："当君主，自身节俭，把余财施与人民，那么自身就尊贵，人民就安定；当臣子，忠诚守信，不做超越职权范围的事，那么政事就治理得好，自身就荣耀。"

公又问："为君何行则危？为臣何行则废？"

晏子对曰："为君厚藉敛而托之为民，进谗谀而托之用贤，远公正而托之不顺，君行此三者则危；为臣比周以求进①，逾职业防下隐利而求多②，从君不陈过而求亲，人臣行此三者则废。故明君不以邪观民③，守则而不亏，立法仪而不犯。苟有所求于民，而不以身害之。是故刑政安于下，民心固于上。故察士不比周而进④，不为苟而求⑤。言无阴阳⑥，行无内外。顺则进，否则退，不与上行邪。是以进不失廉，退不失行也。"

【注释】

①比周：结党，为私利勾结在一起。

②隐利：隐匿私利。

③观：示，让……看。

④察士：能明察是非之士。

⑤苟：不慎重，不严肃。

⑥言无阴阳：指说话不阳奉阴违。

【译文】

景公又问："当君主怎样做就危险？当臣子怎样做就罢免他？"

晏子回答说："当君主，加重赋税却托辞是为了人民，提拔谗佞谄谀之人却托辞是任用贤德之人，疏远公平正直之人却托辞不能顺从自己，君主做这三种事情就危险；当臣子，结成党羽以便求得提拔，做事超越职权范围，遏制人民，谋取私利，贪得无厌。侍奉君主不匡正过失，以便得到宠幸，臣子做这三种事情就罢免他。所以，英明的君主不做出邪僻的事情让人民看，严守准则，不随便损害，确立法度，不随便触犯。如果对人民有所求，也不因为自己的私欲损害人民的利益。因此刑法政令让人民感到安定，民心都归附君主。所以明察是非的人不结党来求得提拔，不为满足不合理的私欲去贪求财利。说话不阳奉阴违，行为表里如一，符合自己的意愿就当官，否则就隐退，不和君主一起干邪僻的事情。因此，当官时不丧失自己的廉正，隐退时不丧失自己的品行。"

景公问贤君治国若何
晏子对以任贤爱民

　　景公问贤明的君主如何治理国家。晏子答以"任贤""爱民";然后全面讲述了"爱民"的种种做法。做到了这些,人民就能安居乐业,相亲相爱。

景公问晏子曰："贤君之治国若何？"

晏子对曰："其政任贤，其行爱民。其取下节，其自养俭。在上不犯下，在治不傲穷①。从邪害民者有罪②，进善举过者有赏③。其政刻上而饶下④，赦过而救穷。不因喜以加赏，不因怒以加罚。不从欲以劳民，不修怒而危国。上无骄行，下无诌德。上无私义，下无窃权⑤。上无朽蠹之藏，下无冻馁之民。不事骄行而尚同，其民安乐而相亲。贤君之治国若此。"

【注释】

①在治：指掌权。

②从：同"纵"，放纵。

③举过：指举君过。

④刻：苛刻，严厉。饶：宽容。

⑤窃权：指超越本职而专权。

【译文】

景公问晏子说："贤明的君主怎样治理国家？"

晏子回答说："他们的政治是任用贤人，他们的品行是爱护人民。他们向下面敛取财物有节制，他们供养自己很俭朴。在上位的不侵犯在下位的，掌权的不傲视不掌权的。干邪僻事情伤害人民的人有罪，向君主进善言、列举君主过失的人有赏。他们的政令对上严厉，对下宽容，赦免有过错的人，救济贫穷的人。不因为自己高兴就增加赏赐，不因为自己生气就加重惩罚。不放纵私欲而使人民劳苦，不随意发怒而使国家受危害。君主没有骄横的品行，臣子没有谄媚的品德。君主没有自私的道义，臣子没有专权的事情。君主没有收藏得生蛀虫的财物，下面没有挨饿受冻的百姓。不做骄横的事情，崇尚上下一致，人民安居乐业，崇尚相亲相爱。贤明的君主就是这样治理国家的。"

景公问忠臣之事君何若
晏子对以不与君陷于难

　　晏子关于臣子侍奉君主"有难不死，出亡不送"的回答看似有悖常理，实则隐含真理：臣子的话如果被采纳，君主终身都不会遇难，臣子怎么会为君主殉死？臣子的谋略如果被听从，君主终身都不会出亡，臣子怎么会为君主送行？所以，忠臣能给君主献良策，而不与君主一起陷于死难境地。

景公问于晏子曰："忠臣之事君也何若^①？"

晏子对曰："有难不死^②，出亡不送。"

【注释】

①事：侍奉。

②有难不死：指君有难，臣不死，即臣不殉君难。下
　句"出亡不送"指君出亡国外，臣不送行。

【译文】

景公向晏子问道："忠臣怎样侍奉君主？"

晏子回答说："君主遇难不为他殉死，君主出亡不为他
送行。"

公不说，曰："君裂地而封之^①，疏爵而贵之^②，
君有难不死，出亡不送，可谓忠乎？"

对曰："言而见用^③，终身无难，臣奚死焉？谋
而见从，终身不出，臣奚送焉？若言不用，有难而
死之，是妄死也^④。谋而不从，出亡而送之，是诈伪
也。故忠臣也者，能纳善于君^⑤，不能与君陷于难。"

【注释】

①裂地：分割土地。

②疏爵：分封爵位。疏，分。

③见：被。

④妄死：无意义的死。

⑤纳善：献出好计谋。纳，献出。

【译文】

　　景公不高兴地说："君主分割土地封给臣子，分封爵位让臣子显贵，君主遇难却不殉死，君主出亡却不送行，这可以叫做忠吗？"

　　晏子回答说："说的话如果被采纳，君主终身都不会有难，臣子怎么会为君主殉死呢？计谋如果被听从，君主终身都不会出亡，臣子怎么会为君主送行呢？如果说的话不被采纳，君主有难，臣子为君主殉死，这是白白地送死；计谋如果不被听从，君主出亡，臣子为他送行，这是虚伪。所以忠臣能给君主献出好的计谋，不能跟君主一起陷于死难的境地。"

景公问忠臣之行何如
晏子对以不与君行邪

　　这里晏子列举了忠臣的所作所为，重点是选拔推举贤能之士，衡量自己的品德、才能，然后担当官职、接受俸禄，强调的是善于劝谏君主的过失，不跟君主干邪僻之事。

景公问晏子曰："忠臣之行何如？"

对曰："不掩君过，谏乎前，不华乎外①。选贤进能，不私乎内②。称身就位③，计能定禄。睹贤不居其上，受禄不过其量。不权居以为行④，不称位以为忠。不掩贤以隐长⑤，不刻下以谀上⑥。君在不事太子，国危不交诸侯。顺则进，否则退，不与君行邪也。"

【注释】

①华：通"哗"。此指宣扬。

②私：偏爱。

③称（chēng）：衡量。位：官职。

④权：衡量。这里是计较的意思。居：位。

⑤掩：掩盖，遮蔽。

⑥刻下：对下苛刻。

【译文】

景公问晏子说："忠臣的所作所为是怎样的？"

晏子回答说："不掩盖君主的过失，对君主的过失当面劝谏，不到外面去宣扬。选拔贤德的人，推举有才能的人，对自己亲近的人不偏私。衡量自己的品德再担任适当的官职，估计自己的才能再接受合适的俸禄。看到贤德的人，自己的职位不超过他；接受俸禄，不超过自己应得的数量。不把计较自己的职位高低当成好品行，不把衡量自己的地位高低当成忠诚。不压制贤德的人，不隐瞒他们的优点，不苛刻地对待下面的人，不阿谀奉承居上位的人。君主健在就不侍奉太子，国家危难就不结交诸侯。能实现自己的抱负就当官，否则就隐退，不跟君主一起干邪僻的事情。"

景公问古之莅国者任人如何
晏子对以人不同能

　　晏子在这里提出了因人任事的主张。认为"人不同能","不可责遍成"。英明的君主,身边不留阿谀谄媚之徒,朝中不用结党营私之辈。任用人的长处,不勉强用其短处;任用人做擅长之事,不勉强他做不擅长之事。

景公问晏子曰:"古之莅国治民者,其任人何如?"

晏子对曰:"地不同生①,而任之以一种,责其俱生②,不可得;人不同能,而任之以一事,不可责遍成。责焉无已③,智者有不能给④;求焉无餍⑤,天地有不能赡也。故明王之任人,谄谀不迩乎左右⑥,阿党不治乎本朝。任人之长,不强其短;任人之工⑦,不强其拙。此任人之大略也。"

【注释】

①生:通"性"。

②责:要求。

③无已:不止。已,停止。

④给(jǐ):与下文的"赡"都是供应充足的意思。

⑤餍(yàn):满足。

⑥迩:近。

⑦工:擅长。

【译文】

景公问晏子说:"古代统治国家管理人民的人,他们任用人的情况是怎样的?"

晏子回答说:"土地的性质不同,却种植同一种作物,要求这些不同性质的土地都能生长这种作物,是不可能的;人们的才能不相同,却委任一样的事情,不可以要求他们普遍都做好。毫无止境地要求众人做事情,聪明的人也有不能满足要求的时候;贪得无厌地求取财物,天和地也有不能供应充足的时候。所以英明的君王任用人，不让阿谀谄媚的人留在自己身边，不让结党营私的人在朝廷里当官。任用人家的长处，不勉强任用他的短处；任用人家做擅长的事，不勉强他做不擅长的事。这就是他们任用人的大体情况。"

景公问古者离散其民如何
晏子对以今闻公令如寇仇

　　这里晏子列举了古代那些祸国殃民的君主的种种恶劣行径，其实应视为对齐景公等当世国君的告诫：不要重蹈古代亡国之君的覆辙！

景公问晏子曰："古者离散其民而陨失其国者^①，其常行何如？"

晏子对曰："国贫而好大，智薄而好专^②。贵贱无亲焉，大臣无礼焉。尚谗谀而贱贤人，乐简慢而玩百姓。国无常法，民无经纪^③。好辩以为智，刻民以为忠。流湎而忘国^④，好兵而忘民。肃于罪诛^⑤，而慢于庆赏。乐人之哀，利人之难。德不足以怀人，政不足以惠民。赏不足以劝善^⑥，刑不足以防非。亡国之行也。今民闻公令如寇雠^⑦。此古离散其民陨失其国所常行者也。"

【注释】

①陨失：损失，丧失。

②专：专断，独断专行。

③经纪：纲纪。

④流湎：指流连沉湎于饮酒作乐之中。

⑤肃：严厉。

⑥劝：鼓励，勉励。

⑦寇雠：仇敌。

【译文】

景公问晏子说："古时候弄得人民东离西散，丧失掉自己国家的人，他们素常的所作所为是怎样的？"

晏子回答说："国家贫困却好大喜功，才智贫乏却喜欢独断专行。对地位尊贵的和地位低下的都不去亲近，对大臣们不以礼相待。尊重谗佞谄谀之人，却轻视贤德之人；

喜欢懒惰怠慢之人，却轻视老百姓。国家没有固定的法律，人民没有可遵循的纲纪。把能言善辩当成聪明，把苛刻待民当作忠诚。流连沉湎于饮酒作乐而忘掉了国家的利害，喜好用兵打仗而忘掉了人民的疾苦。在诛罚方面很严厉，在赏赐方面却漫不经心。把别人的悲哀当作自己快乐的事，把别人的危难当成对自己有利的事。道德不足以让人民怀念，政治不足以使人民得到好处。赏赐不足以鼓励人做好事，刑罚不足以防止人干坏事。这是使国家灭亡的行为。现在人民听到君主的命令，就像躲避仇敌一样。这就是古代弄得人东离西散，丧失掉自己国家的人素常的所作所为啊。"

景公问欲和臣亲下
晏子对以信顺俭节

　　景公问如何才能使臣子与自己和谐，让人民亲附自己。晏子指出：君主应放手任用臣子，言而有信；任用大臣不求全责备，使用近臣不找自己宠爱的人；不要让他们家庭贫困去贪求外财，不要信用谗佞使他们伤心。这样，臣子就与君主和谐了。节制赋税，节俭财物；徭役不超过农时，不把民力使尽；官吏设置精干得当，关口市场减少税收；山林池泽之利不专有，治理措施不烦乱；了解人民贫富情况，不让他们挨饿受冻。这样，人民就亲附君主了。景公听取了晏子的意见，采取了一些改进措施。

景公问晏子曰："吾欲和臣亲下，奈何？"

晏子对曰："君得臣而任使之，与言信①。必顺其令，赦其过。任大臣无多责焉，使迩臣无求嬖焉②。无以嗜欲贫其家，无信谗人伤其心。家不外求而足，事君不因人而进。则臣和矣。俭于藉敛，节于货财。作工不历时③，使民不尽力④。百官节适⑤，关市省征⑥。山林陂泽⑦，不专其利。领民治民，勿使烦乱。知其贫富，勿使冻馁。则民亲矣。"

公曰："善。寡人闻命矣。"故令诸子无外亲谒⑧。辟梁丘据⑨，无使受报⑩。百官节适，关市省征，陂泽不禁。冤报者过⑪，留狱者请焉⑫。

【注释】

①信：言语诚实。

②迩臣：近臣，君主身边的侍从。

③历时：超过农时。历，过。

④尽力：用尽民力。

⑤百官：泛指各级官吏。节适：节制而适度。

⑥关市：关隘和市场。

⑦陂（bēi）：池塘。

⑧无外亲谒：指不要让外人亲近求见。

⑨辟：指免去。

⑩报：判决罪人。

⑪过：指受责备。

⑫请：指请求释放。

【译文】

景公问晏子说："我想让臣子跟我和谐，让人民亲附我，该怎么办？"

晏子回答说："您得到臣子以后就任用他们，同他们说话要诚实。让他们依法令行事，赦免他们的过错。任用大臣不求全责备，使用近臣不找自己宠爱的人。不要为了满足自己的私欲弄得他们家里贫困，不要听信谗人的话让他们伤心。他们居家时不必外求财物就能供应充足，他们侍奉君主时不凭借别人的力量就能被任用。这样，臣子就会跟您和谐了。征收赋税要节制，使用财物要节俭。兴建土木工程不要超过农时，役使人民不要使尽民力。各种官吏设置得精干恰当，关口和市场上减少税收，山林池泽的利益不专有。引导人民管理人民时，不要让他们感到烦乱。了解人民贫富的情况，不要让他们挨饿受冻。这样，人民就亲附您。"

景公说："您说得好。我受教了。"所以就命令儿子们不要让外人亲近求见。罢免梁丘据，不让他担任判决罪人的官职。各种官吏设置得精干恰当，关口和市场上减少税收，池泽里不禁止众人捕鱼。判决罪人判冤屈的要受责备，长期关押在狱中的人让官吏释放了他们。

景公问得贤之道
晏子对以举之以语考之以事

　　这里晏子提出了推举、考察贤德之人的方法：根据他的言语推举他，根据他的行事考察他，把考察言语与行事结合起来，就能得到贤德之人。

　　景公问晏子曰："取人得贤之道何如？"

　　晏子对曰："举之以语，考之以事。能谕则尚而亲之①，近而勿辱②。以取人，则得贤之道也。是以明君居上，寡其官而多其行③，拙于文而工于事④。言不中不言，行不法不为也。"

【注释】

①谕：知道，通晓。

②近而勿辱：意思是虽亲近但不狎辱，即不废礼仪。

③寡其官：指设置的官职少。

④文：文采。指华丽的外表。

【译文】

　　景公问晏子说："选取人能得到贤德之人的办法是怎样的？"

　　晏子回答说："根据他的言语推举他，根据他的行事考察他。能够通晓治国之道，就尊重并且亲近他，虽然亲近他，但是不废弃上下之间的礼仪。用这种办法选取人，就是得到贤德之人的方法。因此英明的君主居上位，官职设置得少，但事情却做得多；不讲究外表华丽，却很擅长做实事。说话不中肯就不说，做事不合法制就不做。"

景公问臣之报君何以晏子对报以德

晏子认为，臣子对待君主应该根据其有道还是无道采取不同的态度，进而提出了臣子"择君而事"的主张。

景公问晏子曰："臣之报其君何以^①？"

晏子对曰："臣虽不知^②，必务报君以德。士逢有道之君，则顺其令；逢无道之君，则争其不义^③。故君者择臣而使之，臣虽贱，亦得择君而事之。"

【注释】

①何以：用什么。

②知：同"智"，聪明。

③争：通"诤"，劝谏。

【译文】

景公问晏子说："臣子用什么来报答他的君主？"

晏子回答说："臣子虽然不聪明，也必定努力用恩德报答君主。士遇上有道德的君主，就顺从他的命令；遇上没有道德的君主，就对他的不符合道义的行为进行劝诤。所以君主要选择好的臣子来使用，臣子虽然地位低下，也可以选择好的君主来侍奉。"

景公问临国莅民所患何也
晏子对以患者三

晏子认为，统治国家管理人民，忧虑的事情有三件：忠臣不受信任；受信任的臣子不忠；君臣之间离心离德。

景公问晏子曰："临国莅民^①，所患何也^②？"

晏子对曰："所患者三：忠臣不信，一患也；信臣不忠，二患也；君臣异心，三患也。是以明君居上，无忠而不信，无信而不忠者。是故君臣同欲^③，而百姓无怨也。"

【注释】

①莅民：管理人民。

②患：忧虑，担心。

③君臣同欲：君主和臣子所想相同，即君臣同心。

【译文】

景公问晏子说："统治国家管理人民，忧虑的是什么呢？"

晏子回答说："忧虑的事情有三件：忠臣不受信任，这是第一件忧虑的事情；受信任的臣子不忠，这是第二件忧虑的事情；君臣不同心同德，这是第三件忧虑的事情。因此英明的君主居上位，没有忠臣不受信任的，没有受信任的臣子不忠的。所以君臣同心同德，而百姓就没有怨恨了。"

景公问为政何患
晏子对以善恶不分

晏子认为，治理国家政事最担心善恶不分，进而提出考察善恶的办法：审慎地选择身边的侍从。

景公问于晏子曰："为政何患？"

晏子对曰："患善恶不分。"

公曰："何以察之？"

对曰："审择左右。左右善，则百僚各得其所宜①，而善恶分。"

孔子闻之曰："此言也信矣②！善进，则不善无由入矣③；不善进，则善无由入矣。"

【注释】

①百僚：百官。

②信：确实。

③无由：没办法。

【译文】

景公向晏子问道："治理国家政事忧虑的是什么？"

晏子回答说："忧虑的是不能分辨好坏。"

景公说："用什么办法考察好坏？"

晏子回答说："审慎地挑选身边的人。身边的人好，那么百官就能各得其所，因而好坏就能分辨了。"

孔子听到这话以后说："这话真对呀！好人当道，那么不好的人就没有办法入朝当官了；不好的人当道，那么好人就没有办法入朝当官了。"

第四卷　内篇问下第四

景公问何修则夫先王之游
晏子对以省耕实

晏子指出，古代君王春天出游是为了考察耕种情况从而对无力耕种者给予帮助，秋天出游是为了考察收获情况从而对歉收者给予补助。批评景公出游是为了纵情山水，田猎享乐。促使景公采取了一些救助贫困百姓的措施。

景公出游，问于晏子曰："吾欲观于转附、朝舞①，遵海而南②，至于琅琊③。寡人何修则夫先王之游④？"

晏子再拜曰："善哉，君之问也！闻天子之诸侯为巡狩⑤，诸侯之天子为述职⑥。故春省耕而补不足者谓之游⑦，秋省实而助不给者谓之豫⑧。夏谚曰：'吾君不游，我曷以休？吾君不豫，我曷以助？一游一豫，为诸侯度⑨。'今君之游不然，师行而粮食⑩，贫苦不补，劳者不息。夫从高历时而不反谓之流，从下而不反谓之连⑪，从兽而不归谓之荒⑫，从乐而不归谓之亡。古者圣王无流连之游、荒亡之行。"

公曰："善。"命吏计公禀之粟⑬，藉长幼贫氓之数⑭，吏所委发廪出粟⑮，以与贫民者三百钟⑯。公所身见瘝老者七十人⑰，振赡之，然后归也。

【注释】

①转附、朝舞：不详。疑为山名。

②遵：循，顺着……走。

③琅琊：山名，在今山东诸城东南。

④何修：做什么事情。则：效法。

⑤之：到……去。巡狩：如同说"视察"。

⑥述职：报告其职责内的工作。述，陈述。

⑦省（xǐng）：考察。

⑧豫：指帝王秋天出巡。

⑨度：法度，准则。

⑩粮食：即"粮食于民"，从百姓那里筹集粮食吃。《管子·戒》作"夫师行而粮食其民者谓之亡"。

⑪从（zòng）：同"纵"，纵情，尽情。反：同"返"。

⑫荒：与下句的"亡"都是迷乱、逸乐过度的意思。"荒亡"指沉迷于田猎、过度逸乐。

⑬禀：同"廪"，粮仓。

⑭藉：通"籍"，登计，统计。氓：民。

⑮委：送给。

⑯钟：古代量器，六斛四斗为一钟。这里用作量词。

⑰癃（lóng）：疲病。

【译文】

景公外出游玩，向晏子问道："我想到转附、朝舞两座山上去看看，再沿着海岸往南走，一直到达琅琊山。我应该怎样做才能效法先王的出游呢？"

晏子拜了两拜，说："您问得真好啊！我听说天子到诸侯那里去叫做巡狩，诸侯到天子那里去叫做述职。所以春天检查耕种的情况，对无力耕种的给予帮助，这叫做游；秋天检查收割的情况，对收成不好的给予补助，这叫做豫。夏朝的谚语说：'我们君王不出来游，我们的工作几时休？我们君王不出来走，我们几时得帮助？君王一游一走，足以作为诸侯的法度。'现在您出游却不是这样，人马走到哪里，就让那里的人民供应粮食，贫困的人得不到补助，劳苦的人得不到休息。纵情游山超过了时间不回去叫做流，纵情玩水不按时回去叫做连，纵情打猎不按时回去叫做荒，纵情作乐不按时回去叫做亡。古代的圣贤君王出游时没有这些流连荒亡的行为。"

景公说："您说得好。"于是命令官吏计算国家仓库里的粮食，统计年长年幼的贫民数目，官吏从仓库里一共拿出三百钟粮食分给了贫民。景公遇见的七十名老弱疲病的人，都救济了他们，然后才返回。

景公问桓公何以致霸
晏子对以下贤以身

晏子认为，尽管齐桓公有嗜好饮酒作乐、爱好女色等过失，但其"大节"能以政令改变旧俗，能礼贤下士，任贤使能（典型事例是重用昔日仇人、有"安国济功"才能的管仲和任用挽车之徒宁戚），因此，处理内政，人民亲附他；出兵征讨，诸侯畏惧他，所以能成就称霸诸侯的大业。

景公问于晏子曰："昔吾先君桓公，善饮酒，穷乐①，食味方丈②，好色无别③。辟若此④，何以能率诸侯以朝天子乎？"

晏子对曰："昔吾先君桓公，变俗以政，下贤以身。管仲，君之贼者也⑤。知其能足以安国济功，故迎之于鲁郊，自御⑥，礼之于庙⑦。异日，君过于康庄⑧，闻宁戚歌⑨，止车而听之，则贤人之风也，举以为大田⑩。先君见贤不留⑪，使能不怠⑫。是以内政则民怀之，征伐则诸侯畏之。今君闻先君之过，而不能明其大节。桓公之霸也，君奚疑焉？"

【注释】

①穷乐（lè）：极力作乐。穷，尽。

②食味方丈：食品摆满了一桌子。方丈，一丈见方，极言菜肴丰盛。

③无别：没有亲疏之别。《公羊传·庄公二十年》："此何以书？及我也。"何休《解诂》云："齐侯亦淫诸姑姊妹不嫁者七人。"

④辟：邪僻，不正。

⑤君之贼：桓公当国君前，管仲辅佐公子纠，曾箭射桓公，射中衣带钩，所以这里说他是"君之贼"。贼，指仇人。

⑥御：赶车。

⑦庙：宗庙。

⑧康庄：泛指四通八达的道路。《尔雅·释宫》："五达

谓之康，六达谓之庄。"

⑨宁戚：卫国人，为人挽车至齐，齐桓公拜为大夫。

⑩大田：官职名，农官。

⑪留：遗漏。

⑫怠：怠慢。

【译文】

景公向晏子问道："从前我们的先君桓公，好喝酒，尽情作乐，佳肴美酒摆满桌子，喜欢女色，没有亲疏之别。这样做邪僻之事，为什么能够率领诸侯去朝见周天子呢？"

晏子回答说："从前我们的先君桓公，用政令改变了旧俗，亲自礼贤下士。管仲原先是桓公的仇人。桓公了解到他的才能足以安定国家，建立功勋，所以到鲁国边界迎接他，亲自给他赶车，在宗庙里按礼仪会见他。过了些日子，桓公从四通八达的道路上走过，听到宁戚在唱歌，停下车子细听，原来是贤德之人的歌声，就提拔他让他当了掌管农业的大田之职。先君看到贤德之人就任用，没有遗漏的；任用有才能的人，从不怠慢他们。因此他处理内政，人民都归附他；他出兵征讨，诸侯都畏惧他。现在您只听到了先君的过失，却不能了解他的大节。对桓公称霸诸侯，您怀疑什么呢？"

景公问欲逮桓公之后
晏子对以任非其人

　　针对景公能否继承桓公成就霸业的提问，晏子指出：桓公之所以能九合诸侯、一匡天下，靠的是身边有鲍叔牙、管仲那样的贤臣；而今君主身边都是倡优及谗佞谄谀之辈，如何能成就霸业呢？

景公问晏子曰："昔者先君桓公，从车三百乘①，九合诸侯②，一匡天下。今吾从车千乘，可以逮先君桓公之后乎？"

晏子对曰："桓公从车三百乘，九合诸侯，一匡天下，左有鲍叔③，右有仲父④。今君左为倡⑤，右为优⑥，谗人在前，谀人在后，又焉可逮桓公之后者乎？"

【注释】

①从车：使兵车跟随自己，即率领着兵车。

②合：会，盟会。

③鲍叔：鲍叔牙，齐大夫，他把管仲推荐给齐桓公。

④仲父：指管仲。齐桓公尊管仲为仲父，谓事之如父。

⑤倡：表演音乐歌舞的艺人。

⑥优：扮演杂戏的艺人。

【译文】

景公问晏子说："从前我们的先君桓公，率领着兵车三百辆，多次盟会诸侯，使天下一切得到匡正。现在我率领兵车一千辆，可以跟随在先君桓公之后成就霸业吗？"

晏子回答说："桓公之所以能率领兵车三百辆，多次盟会诸侯，使天下一切得到匡正，是因为左有鲍叔，右有管仲。现在您的左右都是倡优，您的前后都是谗佞阿谀之人，又怎么可以跟随在桓公之后成就霸业呢？"

景公问为臣之道
晏子对以九节

　　本章晏子列举了九条当臣子应遵守的准则，而把实行善政、举荐贤人、不苟且求官、不苟且求财放在重要地位。这在今天对公职人员仍有借鉴作用。

景公问晏子曰："请问为臣之道？"

晏子对曰："见善必通^①，不私其利。荐善而不有其名。称身居位，不为苟进。称事授禄^②，不为苟得。体贵侧贱^③，不逆其伦。居贤不肖^④，不乱其序。肥利之地，不为私邑。贤质之士，不为私臣^⑤。君用其所言，民得其所利，而不伐其功。此臣之道也。"

【注释】

①通：行，实行。

②授：通"受"，接受。

③体贵：居尊贵地位。侧贱：处于低贱地位。侧，置身。

④不肖：不贤，不善。

⑤私臣：家臣。

【译文】

景公问晏子说："请问当臣子的准则是什么？"

晏子回答说："看到好的政令一定去实行，不从中谋取私利。推举贤德的人，不图自己落个举贤的好名声。衡量自己的才能然后再承担适当的官职，不苟且求官。衡量自己所做的事情然后再接受适当的俸禄，不苟且贪财。不管居高位还是居下位，都不违背伦次。不管贤德还是不贤德，都不搞乱次序。不把肥沃富庶的地方当作自己的封邑。不把贤德质朴的人当作自己的家臣。君主采纳他的意见，人民得到他的好处，他却不夸耀自己的功劳。这就是当臣子的准则。"

景公问贤不肖可学乎
晏子对以勉强为上

这里晏子引《诗》，意在说明人应向高处看，顺正道走；举诸侯并立、列士并学的不同结果，强调始终向善的重要。

景公问晏子曰:"人性有贤不肖,可学乎?"

晏子对曰:"《诗》云'高山仰止,景行行止'之者①,其人也②!故诸侯并立,善而不怠者为长;列士并学③,终善者为师。"

【注释】

①高山仰止,景行(jǐngháng)行止:所引诗句见《诗·小雅·车辖》。大意是:高山可以仰望,大道可以行走。这里引用,意在说明人应向高处看,应顺正道走。止,语气词。景行,大路。行,行走。

②其人也:大概说的是人吧。其,语气词。

③列士:众士,众多的读书人。

【译文】

景公问晏子说:"人的本性有好有不好,这些是可以学得的吗?"

晏子回答说:"《诗》中说'高山可以举目看,大道可以走向前',大概说的就是向善之人吧!所以诸侯们一块立身于世,只有向善而且不松懈的人才能当诸侯之长;众多读书人一块学习,只有始终向善的人才能当老师。"

景公问富民安众
晏子对以节欲中听

晏子指出，君主节制私欲，人民就会富裕；处理诉讼公正，人民就会安定，强调了做好这两件事的重要。

景公问晏子曰："富民安众^①，难乎？"

晏子对曰："易。节欲则民富，中听则民安^②。行此二者而已矣。"

【注释】

①富民：让人民富裕。安众：让众人安定。

②中听：处理诉讼恰当。中，合适。听，听讼。

【译文】

景公问晏子说："让人民富裕安定，困难吗？"

晏子回答说："容易。君主节制私欲，人民就富裕；处理诉讼公正，人民就安定。让人民富裕安定，只是做好这两件事罢了。"

景公问国如何则谓安
晏子对以内安政外归义

　　本章晏子回答怎样做才能使国家安定。所列举的条件，在当时社会大动荡、诸侯间兼并战争频仍、人民饱受战乱之苦的形势下，只是美好的愿望，是难以实现的。

景公问晏子曰："国如何则可谓安矣？"

晏子对曰："下无讳言，官无怨治①。通人不华②，穷民不怨。喜乐无羡赏③，忿怒无羡刑④。上有礼于士，下有惠于民。地博不兼小，兵强不劫弱。百姓内安其政，诸侯外归其义。可谓安矣。"

【注释】

①怨治：积压的政事。怨，通"蕴"，积聚。

②通人：显达的人。下句"穷民"指不显达的人，即困窘的人。

③羡赏：滥施赏赐。羡，多余。

④羡刑：滥施刑罚。

【译文】

景公问晏子说："国家怎么样就可以叫做安定了？"

晏子回答说："下面的人没有忌讳的言语，官吏没有积压的政事。显达的人不奢侈，穷困的人不怨恨。君主高兴时不滥施赏赐，愤怒时不滥施刑罚。对上面的士有礼节，对下面的百姓有恩惠。地域广博不兼并小国，军队强大不掠夺弱国。国内的百姓对君主的政治感到安心，国外的诸侯由于他的道义而归服。这样，国家就可以叫做安定了。"

晏子使吴吴王问可处可去
晏子对以视国治乱

　　晏子认为，臣子的去就应视国家的治乱情况而定：亲疏各得其所，大臣得以尽忠，没有积压的政事，没有暴虐的刑罚，这样，臣子就可以任职当官；否则，就可以离开。这种不怀暴君之禄、不处乱国之位的观点在当时是有进步意义的。

晏子聘于吴^①，吴王曰："子大夫以君命辱在敝邑之地^②，施贶寡人^③，寡人受贶矣。愿有私问焉。"

晏子巡遁而对曰^④："婴，北方之贱臣也，得奉君命，以趋于末朝^⑤，恐辞令不审^⑥，讥于下吏^⑦，惧不知所以对者。"

【注释】

①聘：诸侯之间派使臣通问修好。

②子大夫：等于说"大夫您"。子，对人的尊称。辱：表敬副词，含有"您到这里来是受了屈辱"的意思。敝邑：对别国人谦称自己的国家。

③贶（kuàng）：赏赐。

④巡遁：退却的样子，形容惶恐不安。

⑤末朝：指朝堂的末位，谦词。

⑥审：谨慎，慎重。

⑦下吏：下级官员。这是委婉说法（不敢直称君主本人而称其下属）。

【译文】

晏子出访吴国，吴王说："大夫您奉君主的命令屈尊来到我国，给予我赏赐，我承受赏赐了。我希望私下里向您问一个问题。"

晏子惶然不安地回答说："我是北方国家地位低下的臣子，得以奉君主的命令来到吴国朝廷，我担心说话不慎重，被您的下级官吏讥笑，我害怕不知道怎么回答。"

吴王曰：“寡人闻夫子久矣，今乃得见，愿终其问①。”

晏子避席曰：“敬受命矣。”

【注释】

①终其问：问完我的话。

【译文】

吴王说：“我听到先生您的名字已经很长时间了，今天才得以见到您，希望您让我把话问完。”

晏子离开座位回答说：“我恭敬地听从您的吩咐。”

吴王曰：“国如何则可处，如何则可去也？”

晏子对曰：“婴闻之，亲疏得处其伦①，大臣得尽其忠，民无怨治，国无虐刑，则可处矣。是以君子怀不逆之君②，居治国之位③。亲疏不得居其伦，大臣不得尽其忠，民多怨治，国有虐刑，则可去矣。是以君子不怀暴君之禄，不处乱国之位。”

【注释】

①得处其伦：意思是各得其所。伦，次序。

②不逆之君：不违背道义的君主。

③治国：治理得好的国家。

【译文】

吴王说：“国家的情况怎么样就可以在那里当官，怎么样就可以离开呢？”

晏子回答说："我听说过，亲近的人和疏远的人各得其所，大臣得以尽忠，百姓那里没有积压的政事，国家没有暴虐的刑罚，这样的国家就可以在那里当官了。因此，君子归附不违背道义的君主，在安定的国家担当职务。亲近的人和疏远的人不能各得其所，大臣不能尽忠，百姓那里有许多积压的政事，国家有暴虐的刑罚，这样的国家就可以离开了。因此，君子不贪恋残暴君主的俸禄，不在混乱的国家担当职务。"

吴王问保威强不失之道
晏子对以先民后身

　　吴王问如何长久地保持国家的威严强大。针对吴王内政不修却热衷称霸的实际，晏子指出：应该把百姓的事放在前面，把赏赐的事放在前面，不让强大富贵之人欺凌弱小贫贱之人，不准官吏侵夺民财，使人民和谐，政治太平。对外不以强凌弱，不以势兼并，这些就是长久保持威严强大的方法。

晏子聘于吴，吴王曰："敢问长保威强勿失之道若何？"

晏子对曰："先民而后身，先施而后诛①。强不暴弱②，贵不凌贱，富不傲贫。百姓并进③，有司不侵，民和政平。不以威强退人之君④，不以众强兼人之地。其用法为时禁暴，故世不逆其志。其用兵为众屏患⑤，故民不疾其劳⑥。此长保威强勿失之道也。失此者危矣。"

【注释】

①施：施恩惠。此指赏赐。诛：指刑罚。

②暴：损害。

③进：进用，任用。

④退人之君：使别人的君主退居己下。

⑤屏（bǐng）：排除，消除。

⑥疾：怨恨。

【译文】

晏子出访吴国，吴王说："请问长久地保持国家的威严强大、不丧失掉这种局面的方法是怎样的？"

晏子回答说："把人民的事情放在前边，把自己的事情放在后边；把赏赐的事情放在前边，把惩罚的事情放在后边。强大的不危害弱小的，尊贵的不欺凌卑贱的，富裕的不傲视贫困的。百姓有才能也一样任用，有关官吏不侵夺人民，人民和谐，政治太平。不依仗威严强大压制别人的君主，不依仗人多势众兼并别国的土地。实施法律是为了替社会禁止暴虐，所以世人不违背他的意志。用兵作战是为了替众人消除祸患，所以人民对受劳苦不怨恨。这就是长久地保持国家的威严强大、不丧失掉这种局面的方法。不这样做的，国家就危险了。"

吴王忿然作色，不说。

晏子曰："寡君之事毕矣①，婴无斧锧之罪②，请辞而行。"遂不复见。

【注释】

①寡君：对别国人谦称自己国家的君主。

②斧锧（zhì）之罪：斩首之罪。锧，腰斩时所垫的砧板。

【译文】

吴王愤怒地改变了脸色，很不高兴。

晏子说："我们国君交付的事情我已经办完了，我没有犯该砍头的罪，请允许我告辞回去。"于是不再见吴王。

鲁昭公问安国众民
晏子对以事大养小谨听节俭

鲁昭公问如何使国家安定，使人口众多。针对鲁国小弱的实际，晏子指出：傲视大国，轻视小国，国家就危险；处理狱讼轻慢，征收赋税繁重，人民就离散。侍奉大国，帮助小国，处理狱讼谨慎，征收赋税节制，是使国家安定、人口众多的方法。

晏子聘于鲁，鲁昭公问曰："夫俨然辱临敝邑①，窃甚嘉之②，寡人受赐，请问安国众民如何？"

晏子对曰："婴闻傲大贱小则国危，慢听厚敛则民散③。事大养小，安国之器也；谨听节敛④，众民之术也。"

【注释】

①俨然：庄重的样子。辱：谦词。

②嘉：赞许。

③慢听：处理狱讼轻率。听，听狱。

④节敛：节制赋税，谓赋敛有度。

【译文】

晏子出访鲁国，鲁昭公问道："大夫您庄重地屈尊来到我国，我私下里很赞赏您，我接受您的赏赐，请问使国家安定，使人口众多应该怎么办？"

晏子回答说："我听说对大国傲慢，对小国鄙视，国家就危险；处理诉讼轻慢，征收赋税繁重，人民就离散。侍奉大国，帮助小国，这是使国家安定的措施；处理诉讼谨慎，征收赋税节制，这是使人口众多的办法。"

晋叔向问齐国若何
晏子对以齐德衰民归田氏

　　从晏子对齐国状况的介绍中可以看出，以公室为代表的旧政权的骄横残暴：贪婪地剥夺民力民财，致使老幼挨饿受冻；残酷地施肉刑，以致市场上假脚贵而鞋子贱。作为新兴势力的代表田氏却采取了一系列施惠于民收买民心的措施：以私家的大量器借出，用公家的小量器收回；木材、水产运到市场出售，一律不加价，因此得到人民拥戴。齐国将归田氏所有，是必然的了。从叔向对晋国的介绍中，同样可以看出其公室政权已处于末世，"政在家门"，公族的灭亡也是难以避免的了。

晏子聘于晋，叔向从之宴①，相与语。

【注释】

①叔向：羊舌肸（xī），又称叔肸，字叔向，晋大夫。

从之宴：陪着他喝酒。

【译文】

晏子出访晋国，叔向陪着他饮酒，互相谈论起来。

叔向曰："齐其如何？"

晏子曰："此季世也①，吾弗知，齐其为田氏乎②！"

【注释】

①季世：末世，衰微之世。

②田氏：指田成子，即陈成子，名恒（一作"常"），

齐国大臣。

【译文】

叔向说："齐国现在怎么样？"

晏子回答说："齐国现在已经是末世了，我不知道将来
会怎样，齐国将来大概会成为田氏的吧！"

叔向曰："何谓也？"

晏子曰："公弃其民，而归于田氏。齐旧四
量：豆、区、釜、钟。四升为豆，各自其四，以
登于釜，釜十则钟。田氏三量皆登一焉①，钟乃巨
矣。以家量贷②，以公量收之。山木如市③，弗加于

山④；<u>鱼盐蜃蛤</u>⑤，弗加于海。民参其力⑥，二入于公，而衣食其一。公积朽蠹，则老少冻馁。国都之市，屦贱而踊贵⑦。民人痛疾，或燠休之⑧。昔者殷人诛杀不当，僇民无时⑨。文王慈惠殷众，收恤无主，是故天下归之。民无私与⑩，维德之授⑪。今公室骄暴，而田氏慈惠，其爱之如父母，而归之如流水。欲无获民，将焉避？箕伯、直柄、虞遂、伯戏⑫，其相胡公、太姬⑬，已在齐矣。"

【注释】

① "田氏三量"句：意思是，田氏的三种量器进位都比公量增加一（即都是五进位）。

② 贷：借出。

③ 如：往，到……去。

④ 弗加于山：价钱不比山上贵。

⑤ 蜃：大蛤。

⑥ 参（sān）：三，分成三份。

⑦ 屦（jù）：鞋子。踊：专为砍掉脚的人做的假脚。按"屦贱而踊贵"是滥施刑罚的后果。

⑧ 燠（yù）休：抚慰。

⑨ 僇：通"戮"，杀戮。

⑩ 私：偏私。与（yǔ）：赞同。这里是热爱的意思。

⑪ 授：这里是归附的意思。

⑫ "箕伯"句：箕伯等四人都是舜的后代，田（陈）氏的先人。

⑬胡公：箕伯等四人的后代。太姬：胡公妻。

【译文】

叔向说："您说的是什么意思呢？"

晏子说："齐国君主抛弃了他的人民，人民都归附了田氏。齐国原有四种量器：豆、区、釜、钟。四升是一豆，以后都按四进位，一直到釜，十釜是一钟。田氏家三种量器，进位都比公家的量器增加一，这样钟的容量就大了。他用私家的大量器借出，用公家的小量器收回。他家山上的木材运到市上卖，价钱不比山上高；鱼盐蚌蛤运到市上卖，价钱不比海边高。如果人民把力气分成三份，两份就要献给国君，用在自家衣食方面的只占一份。国君仓库里的钱粮都腐朽长了虫子，可是老人小孩却挨饿受冻。都城的市场上，因为受砍脚刑罚的人很多，所以鞋子贱，而为被砍掉脚的人特制的假脚却很贵。人民深受痛苦疾病折磨，田氏就加以抚慰。从前商朝判处死刑不恰当，不时杀戮人民。周文王施恩惠于商朝民众，收容救济无家可归之人，因此天下的人都归附他。人民并不偏爱某个人，他们只归附有道德的人。现在公室骄横暴虐，可是田氏却很慈惠，他爱护人民如同父母一样，而人民归附他如同流水一样。即使他不想得到人民的拥护，将躲避到哪里去呢？田氏的先人箕伯、直柄、虞遂、伯戏，他们的神灵已经在齐国帮助他们的后代胡公及其妃子太姬了，因此田氏很快就要占有齐国了。"

叔向曰："虽吾公室，亦季世也。戎马不驾①，卿无军行。公乘无人②，卒列无长。庶民罢弊，宫室滋侈。道殣相望③，而女富溢尤④。民闻公命，如逃寇雠。栾、郤、胥、原、孤、续、庆、伯⑤，降在皂吏⑥。政在家门⑦，民无所依。而君日不悛⑧，以乐慆忧⑨。公室之卑，其何日之有！谗鼎之铭曰⑩：'昧旦丕显，后世犹怠⑪。'况日不悛，其能久乎？"

晏子曰："然则子将若何？"

叔向曰："人事毕矣，待天而已矣。晋之公族尽矣。肸闻之，公室将卑，其宗族枝叶先落，则公从之。肸之宗十一族，维羊舌氏在而已，肸又无子，公室无度，幸而得死，岂其获祀焉！"

【注释】

①戎马：拉战车的马。

②乘（shèng）：骖乘。

③殣（jìn）：饿死的人。

④女：指受君主宠爱的女子。尤：甚。

⑤"栾"句：此八氏都是晋的旧臣，姬姓。

⑥皂吏：低贱的吏役。

⑦家：指大夫之家。

⑧悛（quān）：悔改，改过。

⑨以乐慆（yuètāo）忧：用音乐隐藏忧愁。慆，隐藏。

⑩谗鼎："谗"是鼎的名。

⑪"昧旦"二句：大意是，清晨起来就致力于名声显赫，到了后代尚且会懈怠。昧旦，清晨。丕显，大显赫。

【译文】

　　叔向说："即使是我们晋国公室，现在也到了末世了。战马都不能驾战车了，卿不去率领军队。君主的骖乘没有合适的人，兵士没有称职的官长。百姓疲困，而宫室却日益奢侈。道路上饿死的人随处可见，而受宠爱的女子家里却更加富足。人民听到君主的命令，就像躲避仇敌一样。栾、郤、胥、原、孤、续、庆、伯等旧臣的后代，已经沦为低贱的吏役。政权操纵在私家手里，人民无依无靠。可是君主一直不肯改悔，用寻欢作乐来掩藏忧愁。公室如此卑微，还能有多少日子！谗鼎的铭文说：'黎明即起致力于声名显赫，子孙后代尚且会懈怠。'何况君主一直不肯改悔，他还能长久保持君位吗？"

　　晏子说："既然这样，那么您将怎么办？"

　　叔向说："人是无能为力了，只有听天由命罢了。晋国的公族就要完了。我听说过，公室将要卑微的时候，与公室同姓的其他家族像枝叶一样先降落，然后公室跟着凋零。我的一宗有十一族，现在只有我们羊舌氏还存在罢了，我又没有好儿子，公室又没有法度，我能够寿终就很幸运了，怎么敢希望死后得到祭祀呢！"

叔向问齐德衰子若何
晏子对以进不失忠退不失行

　　这里晏子表明了侍奉明君与惰君的不同态度。总的原则是：当官不失掉忠诚，不当官不失掉操行。即不苟且求容，不谋取私利。

叔向问晏子曰："齐国之德衰矣，今子何若？"

晏子对曰："婴闻事明君者，竭心力以没其身，行不逮则退^①，不以诬持禄^②。事惰君者，优游其身以没其世^③，力不能则去，不以谀持危。且婴闻君子之事君也，进不失忠，退不失行。不苟合以隐忠^④，可谓不失忠；不持利以伤廉，可谓不失行。"

叔向曰："善哉！《诗》有之曰：'进退维谷^⑤。'其此之谓欤^⑥！"

【注释】

①行不逮：能力达不到。逮，及，达到。

②诬：欺骗。

③优游：从容不迫的样子。指从容致力于当做之事。

④苟合：苟且附合君主，即苟且求容之意。

⑤进退维谷：所引诗句见《诗·大雅·桑柔》。意思是，进和退都行不通。谷，穷，尽。

⑥其此之谓欤：大概说的就是这种情况吧。

【译文】

叔向问晏子说："齐国的道德衰微了，现在您怎么办？"

晏子回答说："我听说侍奉英明君主的人，尽心竭力一直到身死，力不胜任就辞官，不靠欺骗保持住自己的俸禄。侍奉怠惰君主的人，从容不迫地过完一辈子，力不胜任就离开，不靠阿谀保持住危险的地位。况且我听说君子侍奉君主，当官不丧失忠诚，不当官不丧失品行。不苟且求容以致掩藏了忠诚，这可以叫做不丧失忠诚；不谋取私利以致损害了廉洁，这可以叫做不丧失品行。"

　　叔向说："您说的好啊！《诗》中有这样的话：'进退维谷。'大概说的就是这种情况吧！"

叔向问处乱世其行正曲
晏子对以民为本

晏子认为，世道混乱，君主邪僻，臣子应该做到地位虽低但不失掉尊严，处境虽差但不失掉正直，这是因为把人民当成根本。"以民为本"的观点，无论在当时，还是在以后，都具有进步意义。

叔向问晏子曰：“世乱不遵道，上辟不用义，正行则民遗[1]，曲行则道废。正行而遗民乎，与持民而遗道乎[2]？此二者之于行何如？”

晏子对曰：“婴闻之，卑而不失尊，曲而不失正者[3]，以民为本也。苟持民矣，安有遗道？苟遗民矣，安有正行焉？”

【注释】

①遗：失掉，丢掉。

②与：还是。选择连词。

③曲：指处境不好。

【译文】

叔向问晏子说：“世道混乱，违反了正常规律；君主邪僻，不按照道义行事，在这种情况下，如果行为正直就会失掉人民，如果行为邪僻就会丢掉原则。是行为正直失掉人民呢，还是保住人民丢掉原则呢？这两种做法对于品行怎么样呢？”

晏子回答说：“我听说过，地位低下但不失掉尊严，处境不好但不失掉正直的人，把人民当成根本。如果保住人民，怎么会丢掉原则？如果失掉人民了，怎么会有正直的行为呢？”

叔向问意孰为高行孰为厚
晏子对以爱民乐民

　　晏子认为，热爱人民、让人民快乐是最高尚的思想、最淳厚的品德，而苛刻对待人民、危害人民则是最低下的思想、最卑贱的品德。这可视为"以民为本"的具体化。

叔向问晏子曰："意孰为高^①？行孰为厚？"

对曰："意莫高于爱民，行莫厚于乐民^②。"

【注释】

①意：指思想。

②乐民：让人民快乐。

【译文】

叔向问晏子说："思想哪一种是高尚的？品行哪一种是淳厚的？"

晏子回答说："思想没有比爱护人民更高尚的，品行没有比让人民快乐更淳厚的。"

又问曰："意孰为下？行孰为贱？"

对曰："意莫下于刻民，行莫贱于害民也。"

【译文】

叔向又问道："思想哪一种是低下的？品行哪一种是卑贱的？"

晏子回答说："思想没有比对人民苛刻更低下的，品行没有比危害人民更卑贱的。"

叔向问啬吝爱之于行何如
晏子对以啬者君子之道

　　这里晏子根据自己的理解对啬、吝、爱的含义加以解释并给予不同评价。认为衡量钱财的多少而节俭地使用，富裕了就分钱财给贫苦人，贫困了就节衣缩食不向人借贷，是君子对待钱财的准则。

叔向问晏子曰："啬、吝、爱之于行何如①？"

晏子对曰："啬者，君子之道，吝、爱者，小人之行也。"

叔向曰："何谓也？"

晏子曰："称财多寡而节用之，富无金藏②，贫不假贷③，谓之啬。积多不能分人，而厚自养，谓之吝。不能分人，又不能自养，谓之爱。故夫啬者，君子之道，吝、爱者，小人之行也。"

【注释】

①爱：舍不得。

②富无金藏：富饶了（就把钱财分给贫苦人），不保藏钱财。

③贫不假贷：贫困了（就节衣缩食自立更生），不向人借贷。假，借。

【译文】

叔向问晏子说："啬、吝、爱对于品行怎么样？"

晏子回答说："啬是君子的准则，吝和爱是小人的品行。"

叔向说："您说的是什么意思呢？"

晏子说："衡量钱财的多少，节俭地使用，富裕了就把钱财分给贫困的人，不保藏金钱；贫困了就节衣缩食，不向人借贷，这叫做啬。聚积了很多钱财，不能分给贫困的人，却优厚地供养自己，这叫做吝。钱财不能分给贫困的人，又舍不得供养自己，这叫做爱。所以说啬是君子的准则，吝和爱是小人的品行。"

叔向问人何若则荣晏子对以事君亲忠孝

　　这里晏子提出了荣耀的标准：对长辈孝顺，对君主忠诚；对弟兄和睦，对朋友诚信；不隐瞒过错，不贪求财利；自身无可指责，行为无可惩诫。

叔向问晏子曰："何若则可谓荣矣？"

晏子对曰："事亲孝，无悔往行。事君忠，无悔往辞。和于兄弟，信于朋友。不谄过^①，不责得^②。言不相坐^③，行不相反。在上治民，足以尊君；在下莅修^④，足以变人。身无所咎^⑤，行无所创^⑥，可谓荣矣。"

【注释】

①谄（tāo）：通"慆"，隐藏，隐瞒。

②责：求。

③坐：抵触。

④莅修：谓主持教化。莅，临。

⑤咎：责怪。

⑥创（chuāng）：惩诫。

【译文】

叔向问晏子说："人怎样做就可以叫做荣耀了？"

晏子回答说："侍奉长辈孝顺，对以往的行为没有可以悔恨的。侍奉君主忠诚，对以往的言辞没有可以悔恨的。对弟兄和睦，对朋友讲信用。不隐瞒过错，不贪求利益。说话不自相矛盾，行为不前后违背。在上位管理人民，足以使君主尊贵；在下位主持教化，足以使人民向善。为人没有可以指责的，行为没有可以惩诫的，这样就可以叫做荣耀了。"

叔向问人何以则可保身晏子对以不要幸

　　晏子认为，侍奉君主，只有不抱非分的希望，不追求受到宠幸，淡泊得失，才能保全自身。

叔向问晏子曰："人何以则可谓保其身？"

晏子对曰："《诗》曰：'既明且哲，以保其身。夙夜匪懈，以事一人①。'不庶几②，不要幸③，先其难乎而后幸。得之，时其所也④；失之，非其罪也。可谓保其身矣。"

【注释】

①"既明"四句：所引诗句见《诗·大雅·烝民》。"懈"今本《诗经》作"解"。诗句大意是：聪明睿智的人，善于保全自身。从早到晚不懈怠，侍奉君主一个人。哲，睿智。夙，早。一人，指君主。

②庶几：希望。

③要：求。幸：宠爱。

④时：通"是"。

【译文】

叔向问晏子说："人怎样做才可以叫做保全自身？"

晏子回答说："《诗》中说：'既睿智又聪明，借以保全自身。早起晚睡不偷懒，侍奉君主一个人。'不抱非分的希望，不求受到君主的宠爱，先为君主做艰难的事，然后受到宠爱。得到官职，这是他应该得到的；失去官职，不是他的罪过。这样就可以叫做保全自身了。"

梁丘据问子事三君不同心
晏子对以一心可以事百君

　　针对梁丘据的讥讽，晏子指出，一心一意可以侍奉百位君主，三心二意不能侍奉一位君主。

梁丘据问晏子曰："子事三君①，君不同心，而子俱顺焉，仁人固多心乎？"

晏子对曰："婴闻之，顺爱不懈，可以使百姓；强暴不忠，不可以使一人。一心可以事百君，三心不可以事一君。"

【注释】

①三君：指齐灵公、齐庄公、齐景公。

【译文】

梁丘据问晏子说："您侍奉了三位君主，君主们心不相同，可您都能顺从他们，仁德的人本来就有多种多样的心吗？"

晏子回答说："我听说过，温顺慈爱不懈怠，可以役使百姓；强横暴虐不忠诚，不可以役使一个人。一心一意可以侍奉一百位君主，三心二意不可以侍奉一位君主。"

孔子闻之曰："小子识之①！晏子以一心事百君者也。"

【注释】

①小子：老师对学生的称呼。识（zhì）：记住。

【译文】

孔子听到这话以后说："学生们记住这些话！晏子是用一个心眼侍奉一百位君主的人啊。"

第五卷　内篇杂上第五

庄公不说晏子晏子坐地讼公而归

　　面对庄公的无礼行为，晏子敢于与之争论。批评庄公依仗人多势强而抛弃礼仪，爱好勇力却厌恶贤者，这样灾祸必将降临。因谏言不被采纳，晏子辞官而东耕于海滨。几年之后，果然发生了崔杼杀君之祸。

晏子臣于庄公^①，公不说。饮酒，令召晏子。晏子至，入门，公令乐人奏歌曰："已哉^②，已哉！寡人不能说也，尔何来为^③？"晏子入坐，乐人三奏，然后知其谓己也。遂起，北面坐地。

【注释】

①臣：当臣子。

②已哉：等于说"算了吧"。已，止。

③为：语气词，表示疑问。

【译文】

晏子给庄公当臣子，庄公不喜欢他。喝酒的时候，庄公下令召晏子来。晏子到了，进了门，庄公命令歌手唱道："算了吧，算了吧！我不能喜欢你，你为什么要来呀？"晏子坐到座位上，歌手一连唱了三遍，然后晏子才明白这是说的自己。他于是站起来，面向北坐在了地上。

公曰："夫子从席^①，曷为坐地？"

晏子对曰："婴闻讼夫坐地^②，今婴将与君讼，敢毋坐地乎？婴闻之，众而无义，强而无礼，好勇而恶贤者，祸必及身，若公者之谓矣。且婴言不用，愿请身去^③。"

【注释】

①从席：陪着饮酒。

②讼夫：争论的人。讼，争辩，争论。

③愿请身去：希望辞官离开朝廷。古代臣子当官，即
　是委身于君，要辞官，等于请求把身体归还自己，
　所以说"请身"。

【译文】

庄公说："先生您陪着我喝酒，为什么坐在地上？"

晏子回答说："我听说争论的人要坐在地上，现在我将跟您争论，怎敢不坐在地上呢？我听说过，人口众多却没有道义，势力强大却没有礼仪，爱好勇力却厌恶贤人，他自己一定会赶上灾祸的，这些就像说您的啊。况且，我的话不被采纳，希望您允许我辞官离开朝廷。"

遂趋而归，管籥其家者纳之公①，财在外者斥之市②，曰："君子有力于民则进爵禄，不辞贵富；无力于民而旅食③，不恶贫贱。"遂徒行而东，耕于海滨。居数年，果有崔杼之难④。

【注释】

①管籥（yuè）：都是古代乐器。

②斥：拿出（钱财）。

③旅食：跟众人吃一样的饭食。旅，众。

④崔杼之难：指庄公为崔杼所杀之祸。

【译文】

说完就快步走着回去了，把家里的管籥等乐器都交给公家，把外边的钱财都拿到市上散发，说道："君子能为百姓尽力就当官拿俸禄，不拒绝富贵；不能为百姓尽力就辞

官跟一般人同吃一样的饭食，不厌恶贫贱。"于是步行到东
方去，在海边耕田种地。过了几年，果然发生了崔杼杀死
庄公的灾难。

庄公不用晏子
晏子致邑而退后有崔氏之祸

　　本章先写晏子被庄公收回官爵和食邑后的态度：慨叹君主难以免除灾难，庆幸自己不必陪着君主去死。接着写崔杼杀死庄公后晏子与随从人员的对话，表达了既不可为君主殉死，又不能逃亡国外，更无所归依的复杂心情。最后写晏子面对崔杼的责问所表现的义正辞严的大无畏气概。

晏子为庄公臣，言大用，每朝，赐爵益邑^①。俄而不用^②，每朝，致邑与爵^③。爵邑尽，退朝而乘，喟然而叹^④，终而笑。其仆曰^⑤："何叹笑相从数也？"晏子曰："吾叹也，哀吾君不免于难；吾笑也，喜吾自得也^⑥，吾亦无死矣。"

【注释】

①邑：食邑，封地。

②俄而：不久。

③致：归还。此指收回。

④喟然：同"喟然"，叹气的样子。

⑤仆：驭手，赶车的人。

⑥自得：指保全自己。

【译文】

晏子当庄公的臣子，他的意见大大被采纳，每逢朝见的时候，庄公都赐给他官爵，增加他的食邑。过了不久，他的意见不被采纳了，每逢朝见的时候，庄公都收回他的一些官爵和食邑。官爵和食邑被收完了，晏子退出朝廷，坐上车子，长吁短叹，叹完气后又笑了。他的驭手说："您为什么叹气后接着又发笑呢？"晏子说："我叹气，是哀悯我们君主不能免除灾难；我发笑，是高兴我能保全自身，我也用不着陪着君主去死了。"

崔杼果弑庄公。晏子立崔杼之门，从者曰："死乎^①？"晏子曰："独吾君也乎哉？吾死也^②？"曰：

"行乎③？"晏子曰："独吾罪也乎哉？吾亡也？"曰："归乎？"曰："吾君死，安归？君民者④，岂以陵民？社稷是主⑤。臣君者⑥，岂为其口实⑦？社稷是养。故君为社稷死则死之⑧，为社稷亡则亡之。若君为己死而为己亡，非其私暱⑨，孰能任之⑩？且人有君而弑之，吾焉得死之？而焉得亡之？将庸何归⑪？"

【注释】

①死：指殉死。

②吾死也：我为什么要殉死呢？

③行：指逃亡国外。

④君民：给人民当君主。

⑤社稷是主：主宰国家。社稷，借指国家。

⑥臣君：给君主当臣子。

⑦口实：指俸禄。

⑧死之：为他而死。

⑨私暱：指受宠爱的人。

⑩任：承担。

⑪庸何：哪里。

【译文】

后来崔杼果然杀死了庄公。晏子站在崔杼的门外，跟随的人说："为君主殉死吗？"晏子说："难道只是我一个人的君主吗？别人不殉死，我为什么要殉死呢？"跟随的人又说："逃亡国外吗？"晏子说："难道是我的罪过吗？我为什么要逃亡国外呢？"跟随的人说："回去吗？"晏子说："我们君主死了，回到哪里去呢？当百姓君主的人，难道是为了欺凌百姓？是为了主持国家。给君主当臣子的，难道是为了俸禄？是为了保住国家。所以，君主如果是为国家而死，那么臣子就为君主殉死。君主如果是为国家而逃亡国外，那么臣子就为君主逃亡国外，如果不是他宠爱的人，谁能跟他一起承担这样的祸患？况且别人明明有君主却把君主杀了，我怎么能为君主殉死？怎么能为君主逃亡国外？但是我又将回到哪里去？"

门启而入。崔子曰："子何不死？子何不死？"

晏子曰："祸始吾不在也，祸终吾不知也，吾何为死？且吾闻之，以亡为行者不足以存君，以死为义者不足以立功。婴岂婢子也哉①？其缢而从之也②？"

遂袒免③，坐，枕君尸而哭④，兴，三踊而出⑤。人谓崔子必杀之，崔子曰："民之望也，舍之得民。"

【注释】

①婢子：等于说"小女子"。

②缢：上吊。

③袒免："袒"指露出胳膊，"免"指摘掉帽子。

④枕君尸而哭：把君主的尸体放在自己大腿上哭泣。《左传·襄公二十五年》作"枕尸股而哭"，杜预注：

"以公尸枕己股也。"

⑤踊：跳跃。这里是顿足的意思。

【译文】

门打开了，晏子走了进去。崔杼说："您为什么不殉死？您为什么不殉死？"

晏子说："祸患发生的时候我不在，祸患结束的时候我不知道，我为什么要殉死？况且我听说过，把逃亡国外当作好品行的人不足以保住君主，把殉死当作有义气的人不足以建立功勋。我难道是小女子吗？怎么能自缢而跟随去死呢？"

说完就脱掉袖子露出胳膊，摘掉帽子，把君主的尸体放在自己的大腿上哭泣，然后站起来，踩了几下脚，就出去了。有人对崔杼说一定要杀死晏子，崔杼说："他是百姓景仰的人，放了他，可以得民心。"

崔庆劫齐将军大夫盟晏子不与

　　本章记崔杼杀死庄公后以武力胁迫齐国将军、大夫盟誓事。面对刀光剑影、数人被杀的血腥场面，晏子大义凛然，斥责崔杼的无道行径。对于崔杼的利诱、威逼，晏子不为所动，慷慨陈词，表达了自己不以邪道求福的决心。崔杼慑于晏子的道义不敢杀晏子，晏子离开后与车夫的对话更表现了他将个人生死置之度外的泰然心态。

　　崔杼既弑庄公而立景公，杼与庆封相之^①，劫将军、大夫及显士、庶人于太宫之坎上^②，令无得不盟者。为坛三仞^③，坎其下^④，以甲千列环其内外^⑤。盟者皆脱剑而入，维晏子不肯，崔杼许之。有敢不盟者，戟拘其颈^⑥，剑承其心。令自盟曰："不与崔、庆而与公室者^⑦，受其不祥。"言不疾、指不至血者死^⑧，所杀七人。

【注释】

①庆封：字子家，又字季，齐大夫。相：当相。

②劫：胁迫。

③仞：八尺或七尺为一仞。

④坎：挖坑。

⑤甲：甲士。

⑥拘（gōu）：通"钩"，勾拉。

⑦与（yǔ）：帮助。

⑧疾：速，快。指不至血：手指不咬出血来。古代盟
　　誓时，咬破手指，滴血于酒中，然后饮血酒以示
　　庄重。

【译文】

　　崔杼杀死庄公以后，立景公为君，崔杼与庆封当景公的相。他们胁迫那些将军、大夫和有名望的士及百姓到太公庙旁的坑穴边，下令不许有不盟誓的。筑起一个两丈多高的祭台，在祭台下边挖了坑穴，用一千名甲士围绕在坑穴内外。盟誓的人都要摘掉剑才能进入，只有晏子不肯摘

掉剑，崔杼答应了他。有胆敢不盟誓的，就用戟扎他的颈，用剑刺他的心。下令让每个人自己盟誓说："不帮助崔、庆两家而帮助公室，将遭受祸殃。"话说得不快捷、手指不咬出血来的要处死，被杀死的有七个人。

次及晏子，晏子奉杯血①，仰天叹曰："呜呼！崔子为无道，而弑其君，不与公室而与崔、庆者，受此不祥。"俯而饮血。

【注释】

①奉：古"捧"字。

【译文】

按次序轮到晏子盟誓，晏子手捧盛着血酒的杯子，仰面朝天长叹道："啊！崔杼做不符合道义的事，杀死自己的君主，不帮助公室而帮助崔、庆两家的人，将遭受这祸殃。"说完低下头把血酒喝了下去。

崔杼谓晏子曰："子变子言，则齐国吾与子共之；子不变子言，戟既在脰①，剑既在心。维子图之也。"

晏子曰："劫吾以刃而失其志，非勇也；回吾以利而倍其君②，非义也。崔子，子独不为夫《诗》乎？《诗》云：'莫莫葛藟，施于条枚。恺悌君子，求福不回③。'今婴且可以回而求福乎？曲刃钩之，直兵摧之，婴不革矣④。"

【注释】

①脰（dòu）：颈。

②倍：通"背"。

③"莫莫"四句：所引诗句见《诗·大雅·旱麓》。"蔂"、"恺悌"今本《诗经》作"藟"、"岂弟"。大意是：葛草和藟草，枝条很茂盛。欢乐的君子，求福不变更。施（yì），延伸。恺悌，欢乐平易。

④革：改变。

【译文】

崔杼对晏子说："你如果改变你的话，那么我跟你共同掌管齐国；你如果不改变你的话，戟就要扎到你的脖子，剑就要刺到你的心口。希望你考虑考虑。"

晏子说："用刀逼迫我让我抛弃自己的意志，这不是勇敢；用利益诱使我改变自己的话，从而背叛自己的君主，这不符合道义。崔杼，你难道没有学过《诗》吗？《诗》中说：'密密麻麻的葛藤，爬上树干枝头。和悦近人的君子，不以邪道求福。'现在我就可以用邪道求福吗？用弯曲的兵器钩死我，用直的兵器刺死我，我也不变更自己的话。"

崔杼将杀之，或曰①："不可。子以子之君无道而杀之，今其臣，有道之士也，又从而杀之，不可以为教矣。"崔子遂舍之。晏子曰："若大夫为大不仁②，而为小仁，焉有中乎③？"

【注释】

①或：有人。

②为大不仁：指杀死君主。下句"为小仁"指不杀晏子。

③中：合适，恰当。

【译文】

崔杼将要杀死晏子，有人说："不可以。您因为您的君主没有道义而杀死了他，现在他的臣子是有道义的人，您又接着杀死臣子，这样就不可以施教于人了。"崔杼于是就释放了晏子。晏子说："你作为一个大夫，做出杀死君主这样极不仁道的事，却做点释放我这样小仁小义的事，这难道合适吗？"

趋出，授绥而乘①。其仆将驰，晏子抚其手曰："徐之②！疾不必生，徐不必死。鹿生于野，命县于厨③。婴命有系矣④。"按之成节而后去⑤。《诗》云："彼己之子，舍命不渝⑥。"晏子之谓也。

【注释】

①授：通"受"。绥：登车时做拉手用的绳子。

②徐：慢。

③县：同"悬"，悬挂。这里是掌握的意思。

④系：拘缚，掌握。

⑤按之成节：指走得有节奏，意思是走得不慌不忙。

⑥"彼己"二句：所引诗句见《诗·郑风·羔裘》。

"己"今本《诗经》作"其"。大意是：那个人啊，丢了性命也不改变自己的操行。渝，改变。

【译文】

晏子说完就快步走出来，拉着车上的绳子上了车。他的车夫要赶马快跑，晏子摸着车夫的手说："慢点赶！快了不一定就能活，慢了不一定就会死。鹿生活在原野里，可是它的命却掌握在厨师手上。如今我的命也有人掌握着啊。"车赶得很有节奏，然后才离开。《诗》中说："那个人哪，宁死也不改变品行。"这说的就是晏子啊。

晏子再治阿而见信景公任以国政

　　晏子当阿邑的长官，完全依法行政：修筑道路，加强防务；推举节俭孝悌者，惩罚苟且造假者；判决诉讼，不避豪强；近臣请托，视其合法与否；接待显贵，不超过礼仪规定，因而遭到邪恶之人、懒惰之人、豪门大户、君主近臣和显贵的诋毁，坏名声传到君主耳中并被免职。第二次去治理阿邑，反其道而行之，因而受到上述那些人的赞誉，好名声传到君主耳中并受到赏赐。晏子指出，先前受到责备的，实际上应当奖赏；如今受到奖赏的，实际上应当责备。警示君主应该注重事实，不偏听偏信。

景公使晏子为阿宰①，三年，毁闻于国②。景公不说，召而免之。

晏子谢曰③："婴知婴之过矣，请复治阿，三年而誉必闻于国。"

【注释】

①阿：齐邑名。宰：邑的长官。

②毁：指坏名声。国：指国都。

③谢：谢罪。

【译文】

景公派晏子当阿邑的邑宰，过了三年，晏子的坏名声就传遍国都。景公很不高兴，召回了他并且要罢免他。

晏子谢罪说："我知道我的过错了，请允许我再去治理阿邑，三年之后，好名声必定传遍国都。"

景公不忍，复使治阿。三年而誉闻于国。景公说，召而赏之，辞而不受。景公问其故，对曰："昔者婴之治阿也，筑蹊径①，急门闾之政②，而淫民恶之；举俭力孝弟③，罚偷窳④，而惰民恶之；决狱不避贵强，而贵强恶之；左右所求，法则予，非法则否，而左右恶之；事贵人体不过礼，而贵人恶之。是以三邪毁于外⑤，二谗毁于内⑥，三年而毁闻乎君也。今臣谨更之：不筑蹊径，而缓门闾之政，而淫民说；不举俭力孝弟，不罚偷窳，而惰民说；决狱阿贵强⑦，而贵强说；左右所求言诺⑧，而左右说；

事贵人体过礼，而贵人说。是以三邪誉乎外，二谗誉乎内，三年而誉闻于君也。昔者婴之所以当诛者宜赏，今所以当赏者宜诛。是故不敢受。"

【注释】

①蹊径：泛指道路。

②门闾之政：指乡间防务。门闾，指乡里。

③弟：同"悌"，敬爱兄长。

④偷：苟且，随便。窳（yǔ）：器物粗劣。

⑤三邪：指上文的淫民、惰民、贵强。

⑥二谗：指上文的左右、贵人。

⑦阿（ē）：偏袒。

⑧诺：应允，答应。

【译文】

景公不忍心罢免他，又派他去治理阿邑。三年之后，好名声果然传遍国都。景公很高兴，召回晏子要赏赐他。晏子推辞，不肯接受。景公问为什么，晏子回答说："从前我治理阿邑的时候，修筑小路山路，加强乡间防务，因而邪恶的人厌恶这样做；推举生活节俭、努力工作、孝顺父母、敬爱兄长的人，惩罚粗制滥造器物的人，因而懒惰的人厌恶这样做；判决诉讼不躲避豪门大户，因而豪门大户厌恶这样做；国君的近臣有所求，合法的就给，不合法的就不给，因而国君的近臣厌恶这样做；接待地位显贵的人得体而不超过礼仪的规定，因而地位显贵的人厌恶这样做。因此，三种邪僻的人在外边毁谤，两种谗佞的人在里边毁谤，三年之内我的坏名声就传到您耳朵里了。现在我改变了原来的做法：不修筑小路山路，放松乡间的防务，因而邪恶的人高兴了；不推举生活节俭、努力工作、孝顺父母、敬爱兄长的人，不惩罚粗制滥造器物的人，因而懒惰的人高兴了；判决诉讼偏袒豪门大户，因而豪门大户高兴了；国君的近臣有所求，全都答应给，因而国君的近臣高兴了；接待地位显贵的人不得体，超过礼仪的规定，因而地位显贵的人高兴了。因此，三种邪僻的人在外边称赞，两种谗佞的人在里边称赞，三年之内我的好名声就传到您耳朵里了。从前我受到责备的那些事，实际上应该受到奖赏；现在我受到奖赏的这些事，实际上应该受到责备。因此我不敢接受赏赐。"

景公知晏子贤，乃任以国政，三年而齐大兴。

【译文】
景公了解到晏子贤德，就把国家政事委托给他治理。过了三年，齐国变得非常强盛。

景公怜饥者

　　晏子称治国之本以长其意针对景公怜悯面有饥饿之色的年老负薪者，晏子称赞说：君主爱怜老年人，因而恩德能遍及所有人，这是治理国家的根本。进而请景公派人寻找那些无人供养的年老体弱者和鳏夫寡妇，供给他们粮食，从而使之得到救助。

　　景公游于寿宫^①，睹长年负薪者而有饥色^②。公悲之，喟然叹曰："令吏养之！"

　　晏子曰："臣闻之，乐贤而哀不肖，守国之本也。今君爱老，而恩无所不逮^③，治国之本也。"公笑，有喜色。晏子曰："圣王见贤以乐贤，见不肖以哀不肖。今请求老弱之不养、鳏寡之无室者^④，论而共秩焉^⑤。"公曰："诺。"于是老弱有养，鳏寡有室。

【注释】

①寿宫：又名胡宫，齐宫室名。

②长（zhǎng）年：年纪大的，年老的。

③逮：及，到。

④求：寻找。

⑤共：通"供"，供给。秩：禄。此指廪食。

【译文】

　　景公到寿宫去游玩，看到一个背着柴草的老人面有饥饿之色。景公对此很悲伤，慨叹着说："让官吏供养他！"

　　晏子说："我听说过，喜欢贤德之人而且怜悯不贤德之人，这是保持住国家的根本。现在您爱护老人，因而您的恩德就没有人不能得到，这是治理国家的根本。"景公笑了，面有喜色。晏子说："圣贤的君主看到贤德之人因而喜欢贤德之人，看到不贤德之人因而怜悯不贤德之人。现在请您派人寻找没人供养的年老体弱的人，没有家室的鳏夫、寡妇，根据实际情况供给他们粮食。"景公说："好吧。"于是年老体弱的人都有了供养，鳏夫、寡妇都有了家室。

景公惭刖跪之辱不朝

　　晏子称直请赏之景公大白天披头散发乘坐着六匹马拉的车子载着妇人出宫门，受到守门人的阻拦而返回，对此感到惭愧而不上朝理事。针对这种情况，晏子开导景公说：居下位者如果不讲正直之言，居上位者必有隐患；百姓如果多有忌讳之语，君主必有骄横之行。只有英明的君主居上位，下面才会有正直之言，才会无有忌讳之语。

　　景公正昼被发①，乘六马，御妇人以出正闱②。刖跪击其马而反之③，曰："尔非吾君也！"公惭而不朝。

【注释】

①正昼：大白天。被：同"披"。

②正闱：宫中正门。

③刖（yuè）跪：指被砍掉脚的人。刖，古代砍掉脚的酷刑。跪，足。古代常用刖足者守门。反之：让他返回。

【译文】

　　景公白天披散着头发，坐着六匹马驾的车，车上载着妇人要出宫门。砍掉脚的守门人拦击他的马让他返回宫内，并且说："你这个样子不是我们的君主啊！"景公很惭愧，因而不上朝。

　　晏子睹裔款而问曰①："君何故不朝？"

　　对曰："昔者君正昼被发，乘六马，御妇人以出正闱，刖跪击其马而反之，曰：'尔非吾君也！'公惭而反，不果出，是以不朝。"

【注释】

①裔款：齐景公臣。

【译文】

　　晏子看到裔款问道："君主为什么不上朝？"

裔款回答说："昨天君主白天披散着头发，坐着六匹马驾的车，车上载着妇人要出宫门，砍掉脚的守门人拦击他的马让他返回宫内，并且说：'你这个样子不是我们的君主啊！'君主惭愧地返回去，最终没有出宫门，因此才不上朝。"

晏子入见，景公曰："昔者寡人有罪，被发，乘六马以出正闺，刖跪击马而反之，曰：'尔非吾君也！'寡人以子大夫之赐，得率百姓以守宗庙。今见戮于刖跪①，以辱社稷，吾犹可以齐于诸侯乎？"

晏子对曰："君勿恶焉②。臣闻下无直辞，上有隐恶③；民多讳言，君有骄行。古者明君在上，下多直辞；君上好善，民无讳言。今君有失行④，刖跪直辞禁之，是君之福也。故臣来庆，请赏之，以明君之好善；礼之，以明君之受谏。"

公笑曰："可乎？"

晏子曰："可。"

【注释】

①见：被。戮：辱。

②恶（wù）：厌恶，讨厌。

③隐恶（è）：隐患。

④失行：失礼的行为。

【译文】

晏子进宫去见景公，景公说："昨天我有过错，披散着头发，坐着六匹马驾的车要出宫门，砍掉脚的守门人拦击马让我返回宫内，说：'你这个样子不是我们的君主啊！'我托大夫您的福，得以率领百姓守住祖庙，现在受到砍掉脚的守门人的羞辱，使国家蒙受耻辱，我还可以跟诸侯们平起平坐吗？"

晏子回答说："您对此不要厌恶。我听说下面如果没有正直的言辞，上面就会有隐患；百姓如果有很多忌讳的话不敢说，君主就会有骄横的行为。古代英明的君主在位，下面就有很多正直的言辞；君主好善，百姓就没有忌讳的话。现在您有失礼的行为，砍掉脚的守门人用正直的言辞制止您，这是您的福气啊。所以我来庆贺，请您赏赐他，以此表明您好善；依礼对待他，以此表明您接受劝谏。"

景公笑着说："可以这样做吗？"

晏子说："可以。"

于是令刖跪倍资无征^①，时朝无事也^②。

【注释】

①倍资：加倍给钱财。无征：不征赋税。

②时朝无事也：当时朝廷没有变故。因为采纳了晏子的意见，君主好善纳谏，所以朝廷无事。事，变故。

【译文】

景公于是下令加倍给砍掉脚的守门人财物，不要向他家征收赋税。这样做了以后，当时朝廷里平安无事了。

景公夜从晏子饮晏子称不敢与

　　本章写三个大臣对君主夜间突然莅临的反应：作为文臣，晏子担心的是其他诸侯国及齐国发生变故；作为武将，司马穰苴担心的是诸侯的入侵和大臣的叛乱。他们都拒绝与君主饮酒作乐。而谗臣梁丘据则投君主之所好，活脱脱一副谄媚之态。最后借君子之口，表达本章的主旨：圣贤的君主，有益友而无佞臣。

景公饮酒，夜移于晏子之家。前驱款门曰^①："君至！"晏子被元端立于门^②，曰："诸侯得微有故乎^③？国家得微有事乎？君何为非时而夜辱^④？"公曰："酒醴之味^⑤，金石之声^⑥，愿与夫子乐之。"晏子对曰："夫布荐度、陈簠簋者有人^⑦，臣不敢与焉^⑧。"

【注释】

①款：扣，敲。

②被：同"披"。元端：本作"玄端"。清朝人避圣祖玄烨讳，改为"元端"。祭祀、上朝等庄重场合穿的衣服，其色玄（黑色），正幅（衣正幅谓之端），故名"玄端"。

③得微：也作"得无"，表揣测的副词，意思是"该不会""莫非"。

④辱：敬词。

⑤酒醴：美酒。醴，甜酒。

⑥金石：泛指乐器。金，指金属制乐器。石，指石制乐器。

⑦荐：草席。簠簋（fǔguǐ）：都是古代盛食物的器具。

⑧与（yù）：参与。

【译文】

景公喝酒，夜里转移到晏子家去喝，先行的人敲门说："君主到了！"晏子身披黑色朝服，站在门口说："诸侯们该不会有什么变故吧？国家该不会有什么事变吧？君主为什么深夜屈尊来到我家？"景公说："美酒的味道，音乐的声音，我愿意跟先生您一块享受。"晏子回答说："铺设席子、安排簠簋等器具的事情有专人做，我不敢参与。"

　　公曰："移于司马穰苴之家！"前驱款门曰："君至！"穰苴介胄操戟立于门①，曰："诸侯得微有兵乎？大臣得微有叛者乎？君何为非时而夜辱？"公曰："酒醴之味，金石之声，愿与将军乐之。"穰苴对曰："夫布荐席、陈簠簋者有人，臣不敢与焉。"

【注释】
①介胄：即甲胄，用作动词，披上铠甲，戴上头盔。
【译文】
　　景公说："转移到司马穰苴家去喝！"先行的人敲门说："君主到了！"司马穰苴披挂上甲胄，拿着戟，站在门口说："诸侯们该不会有军队入侵吧？大臣们该不会有叛乱的吧？君主为什么深夜屈尊来到我家？"景公说："美酒的味道，音乐的声音，我愿意跟先生您一块享受。"司马穰苴回答说："铺设席子、安排簠簋等器具的事情有专人做，我不敢参与。"

　　公曰："移于梁丘据之家！"前驱款门曰："君至！"梁丘据左操瑟，右挈竽①，行歌而出。公曰："乐哉，今夕吾饮也！微彼二子者，何以治吾国？微此一臣者，何以乐吾身？"

【注释】

①挈（qiè）：握着，拿着。竽：古代竹制管乐器。

【译文】

景公说："转移到梁丘据家里去喝！"先行的人敲门说："君主到了！"梁丘据左手拿着瑟，右手提着竽，边走边唱地迎了出来。景公说："今天夜里我喝酒真快乐啊！假如没有那两个人，怎么能治理我的国家？假如没有这一个人，怎么能让我快乐？"

君子曰："圣贤之君，皆有益友，无偷乐之臣。景公弗能及，故两用之，仅得不亡。"

【译文】

君子对此评论道："圣贤的君主，都有对自己有益的朋友，没有苟且作乐的臣子。景公不能赶上圣贤的君主，所以两种人都任用，因此只能保全自己不被灭亡。"

景公游纪得金壶中书
晏子因以讽之

　　晏子通过对金壶铭文含义的诠释，告诫君主不要用尽民力，不要任用不肖之人；否则，将会遭到灭亡的的下场。

景公游于纪①，得金壶，乃发视之，中有丹书②，曰："食鱼无反③，勿乘驽马。"公曰："善哉，如若言④！食鱼无反，则恶其鲦也⑤；勿乘驽马，恶其取道不远也。"

晏子对曰："不然。食鱼无反，毋尽民力乎！勿乘驽马，则无置不肖于侧乎！"

公曰："纪有书，何以亡也⑥？"

晏子对曰："有以亡也⑦。婴闻之，君子有道，悬之闾⑧。纪有此言，注之壶，不亡何待乎！"

【注释】

①纪：古国名，春秋时为齐所灭，故址在今山东寿光南。

②丹书：刻铸的涂以朱砂的字，即今所谓"金文"。丹，朱砂。

③反：覆，翻转过来。

④若：此，这。

⑤鲦（sāo）：腥臭。

⑥"纪有书"二句：这句意思是，纪国既然有这样的名言，为什么灭亡了呢？

⑦有以：有原因。以，原因，缘故。

⑧悬之闾：悬挂在里巷的门上（作为座右铭）。

【译文】

景公到纪国故地去游玩，得到一只铜壶，于是打开壶观看，看到壶里有刻铸的涂以朱砂的文字，写的是："食鱼无反，勿乘驽马。"景公说："这话真好啊！吃鱼只吃一面，不翻过来吃另一面，是厌恶它的腥味；不乘坐劣等马，是厌恶它不能走远路。"

晏子回答说："不是这样解释。吃鱼只吃一面，不翻过来吃另一面，是说不要把民力用尽啊！不乘坐劣等马，是说不要在身边安置不贤德的人啊！"

景公说："纪国有这样的名言，为什么被灭亡了呢？"

晏子回答说："纪国被灭亡是有原因的。我听说过，君子有需要遵守的道义，就把它作为座右铭挂在里巷的门上。纪国有这样的名言，却刻铸在壶里面，不被灭亡还等什么呢！"

景公贤鲁昭公去国而自悔
晏子谓无及已

　　景公认为鲁昭公失掉国家之后的悔恨之言说得好，使之返国可成为圣贤君主。晏子指出，愚蠢的人总好后悔，不肖之人总认为自己好；溺水的人不询问水道，迷路的人不打听道路。溺水、迷路以后再询问水道、道路，就来不及了。其主旨是君主应早具忧患意识，防患于未然。

鲁昭公弃国走齐①，景公问焉曰："君何年之少，而弃国之蚤②？奚道至于此乎？"

　　昭公对曰："吾少之时，人多爱我者，吾体不能亲③；人多谏我者，吾志不能用。是以内无拂而外无辅④。辅拂无一人，谄谀我者众。譬之犹秋蓬也，孤其根而美枝叶，秋风一至，根且拔矣。"

【注释】

①鲁昭公：名裯（一作稠），襄公之子。曾寄居于齐、
　晋八年。走：指逃亡。

②蚤：通"早"。

③体：自身。

④拂：通"弼"，辅佐之人。

【译文】

　　鲁昭公失掉鲁国逃亡到齐国，景公问他说："您为什么这么年轻却这么早就失掉了国家呢？为什么到了这种地步呢？"

　　昭公回答说："我年轻时，有很多热爱我的人，我自己却不能亲近他们；有很多劝谏我的人，我却没能采纳他们的意见。因此朝内朝外都没有辅佐我的人。辅佐我的没有一个人，阿谀奉承我的人却很多。这就好像秋天的蓬草，根很孤单，可枝叶却很繁茂，秋风一到，根就要拔下来了。"

　　景公辩其言，以语晏子曰①："使是人反其国，

岂不为古之贤君乎？"

晏子对曰："不然。夫愚者多悔，不肖者自贤。溺者不问隧②，迷者不问路。溺而后问隧，迷而后问路，譬之犹临难而遽铸兵③，噎而遽掘井，虽速，亦无及已。"

【注释】

①语（yù）：告诉。

②隧：道路。

③遽：急忙。

【译文】

景公认为他的话很好，就把这话告诉了晏子，说："假如让这个人返回他的国家，他难道不会成为像古代圣贤君主那样的国君吗？"

晏子回答说："不是这样。愚蠢的人总好悔恨，不贤德的人总认为自己贤德。被水淹着的人不询问趋水的路线，迷失方向的人不打听道路。淹着以后再询问趋水的路线，迷失方向以后再打听道路，这就好像面临外敌入侵的灾祸才急急忙忙去铸造兵器，吃饭噎着以后才急急忙忙去挖井，即使很快，也来不及了。"

曾子将行晏子送之而赠以善言

　　曾子将行，晏子赠以善言：以木工烤直木使成车轮为喻，强调矫正邪曲的重要；以玉工琢治和氏玉璞使成传国之宝为喻，强调修养自身的重要；以兰根所浸泡之物不同而价值迥异为喻，强调善于寻找熏陶者的重要。最后进一步指明，君子居住一定选择好邻居，出游一定结交贤士，以防止祸患。

曾子将行①，晏子送之曰："君子赠人以轩②，不若以言。吾请以言乎，以轩乎？"

曾子曰："请以言。"

晏子曰："今夫车轮，山之直木也。良匠揉之③，其圆中规④，虽有槁暴不复赢矣⑤。故君子慎隐揉⑥。和氏之璧⑦，井里之困也⑧，良工修之，则为存国之宝。故君子慎所修。今夫兰本⑨，三年而成，湛之苦酒⑩，则君子不近，庶人不佩；湛之麋醢⑪，而贾匹马矣⑫。非兰本美也，所湛然也。愿子之必求所湛。婴闻之，君子居必择居，游必就士。择居所以求士，求士所以辟患也。婴闻汩常移质⑬，习俗移性，不可不慎也。"

【注释】

①曾子：名参，孔子的学生。

②轩：车子。

③揉：用火烤木使弯曲。

④中：符合。规：圆规，木工取圆的工具。

⑤暴（pù）：晒。赢：挺直。

⑥隐：通"檃"，即檃栝，矫正弯曲的工具。

⑦和氏之璧：和氏璧。楚人卞和得到的璞玉（未经雕琢的玉），后经琢治，成为宝玉，故名和氏璧。

⑧井里：乡里之名。困：指石块。

⑨兰本：兰草之根。

⑩湛：浸泡。

⑪麋醢（hǎi）：麋鹿肉制成的肉酱。

⑫贾：同"价"，价钱。匹：相当。

⑬洰常移质：常在浊水里泡就会变质。洰，通"溻（gǔ）"，浊。

【译文】

曾子离开齐国要走，晏子去送他，说："君子赠给人车子，不如赠给人言语。我是赠给您言语呢，还是赠给您车子呢？"

曾子说："请赠给我言语。"

晏子说："车轮，是山上很直的树木制成的。技术好的工匠用火烤它，使它圆的程度符合圆规的要求，即使又把它晒干，也不再挺直了。所以君子对矫正弯曲很慎重。卞和得到的玉璞，看外表是井里那儿的石块，技术好的玉工琢治它，就成为传国之宝了。所以君子对修养自己很慎重。兰草的根，三年才长成，如果把它浸泡在苦酒里，那么君子就不接近它，一般人也不佩带它；如果把它浸泡在麋鹿肉制作的肉酱里，它的价值就抵得上一匹马了。并不是兰草的根变好了，是拿来浸泡的东西使它这样的。希望您一定寻找熏陶自己的好东西。我听说过，君子居住一定选择好邻居，出游一定结交贤士。选择好邻居是为了寻求贤士，寻求贤士是为了躲避祸患。我听说经常在浊水里浸泡就会变质，风俗习惯能改变人的性情，这是不可不慎重对待的。"

晏子之晋睹齐累越石父
解左骖赎之与归

　　本章记述晏子为越石父赎身的故事。对越石父处于卑下地位却不甘忍受屈辱的气节给予肯定，对晏子勇于改正过失、救人于困厄之中却不居功自傲的谦恭态度加以赞扬。

晏子之晋，至中牟①，睹弊冠反裘负刍息于涂侧者②，以为君子也，使人问焉曰："子何为者也？"曰："我越石父者也③。"晏子曰："何为至此？"曰："我为人臣仆于中牟④，见使将归⑤。"晏子曰："何为为仆？"对曰："不免冻饿之切吾身⑥，是以为仆也。"晏子曰："为仆几何？"对曰"三年矣。"晏子曰："可得赎乎？"对曰："可。"

【注释】

①中牟：晋地名。在今河南汤阴西。

②反裘：古人穿皮衣，毛在外面。"反裘"则是毛在里面，这是为了爱惜皮毛。刍：喂牲畜的草。涂：同"途"，道路。

③越石父：人名。

④臣仆：奴仆。臣，奴隶。

⑤见使：被差遣。见，被。

⑥切：迫。

【译文】

晏子去晋国，到了晋国的中牟，看到一个戴着破帽子、翻穿着皮衣、背着草在路旁休息的人，认为他是个君子，就派人问他说："您是干什么的？"那个人回答说："我是越石父。"晏子说："为什么到了这里？"越石父说："我在中牟给人家当奴仆，干完了被差遣的事，将要回他家里去。"晏子说："为什么当奴仆？"越石父回答说："我自己不能免除饥寒交迫之苦，因此才当奴仆。"晏子说："当奴仆多久了？"越石父回答说："三年了。"晏子说："可以赎出您来吗？"越石父回答说："可以。"

遂解左骖以赎之^①，因载而与之俱归。至舍^②，不辞而入。越石父怒而请绝^③。晏子使人应之曰："吾未尝得交夫子也。子为仆三年，吾乃今日睹而赎之，吾于子尚未可乎？子何绝我之暴也^④？"

【注释】

①左骖：辕马左边的马。

②舍：馆驿，招待宾客的地方。

③绝：绝交，断绝关系。

④暴：急速。

【译文】

晏子就解下左边驾车的马，把他赎了出来，于是用车载上他，跟他一块回去。到了宾馆，晏子没有向他告辞就进去了。越石父生气地请求和晏子断绝关系。晏子派人回答他说："我不曾跟你交朋友啊。你当奴仆当了三年，我今天看到你才把你赎出来，我对你还不够可以吗？你为什么这么快就要和我断绝关系呢？"

越石父对曰："臣闻之，士者诎乎不知己^①，而申乎知己。故君子不以功轻人之身，不为彼功诎身之理^②。吾三年为人臣仆，而莫吾知也^③。今子赎我，我以子为知我矣。向者子乘^④，不我辞也，吾以子为忘；今又不辞而入，是与臣我者同矣⑤。我犹且为臣，请鬻于市⑥！"

【注释】

①诎（qū）乎不知己：意思是，因为别人不了解自己而处于卑下的地位。诎，屈。乎，于。下句"申乎知己"指在了解自己的人面前挺胸做人。

②诎身之理：指让别人立身处世的原则受挫伤。

③莫吾知：没有人了解我。莫，没有人。

④向者：刚才。

⑤臣我：以我为臣，把我当奴仆。

⑥鬻（yù）：卖。

【译文】

越石父回答说："我听说过，作为士，在不了解自己的人面前可以忍受屈辱，在已经了解自己的人面前就要挺胸做人。所以，君子不因为自己有功劳就轻视别人，不因为自己有功劳就损害别人立身处世的原则。我当人家的奴仆当了三年，却没有人了解我。现在您赎我出来，我认为您是了解我了。您乘车，不向我告辞，我还认为您是忘了；现在又不向我告辞就进去了，这就和把我当成奴仆的人一样了。我仍然要当奴仆，请把我卖给世人吧！"

晏子出见之，曰："向者见客之容，而今也见客之意。婴闻之，省行者不引其过①，察实者不讥其辞②。婴可以辞而无弃乎③？婴诚革之。"乃令粪洒改席，尊醮而礼之。

【注释】

①省（xǐng）：察。引：称引。

②讥：指责。辞：道歉。

③弃：此指拒绝。

【译文】

晏子从宾馆出来会见越石父，说："刚才我只是看到客人的容貌，现在才看到客人的内心。我听说过，能考察行为的人不会抓住别人的过错不放，能观察实际的人不会对别人的道歉加以讥讽。我可以向您道歉而不被您拒绝吗？请允许我改正自己的过错。"于是命令打扫庭堂，更换坐席，请他喝酒，按照礼节对待他。

越石父曰："吾闻之，至恭不修途①，尊礼不受摈②。夫子礼之，仆不敢当也③。"晏子遂以为上客。

【注释】

①至恭不修途：内心特别恭敬则不注重外表的修饰。

②摈（bìn）：排斥。

③仆：谦称自己。

【译文】

越石父说："我听说过，内心特别恭敬的人，不注重外表的修饰；对别人尊敬有礼貌，就不会受到别人的排斥。先生您按照礼节待我，我不敢当啊。"晏子于是把他待为上宾。

君子曰：“俗人之有功则德，德则骄。晏子有功，免人于厄，而反诎下之，其去俗亦远矣。此全功之道也。”

【译文】

君子对此评论说：“世俗之人有功劳就自以为对别人有恩德，自以为对别人有恩德就骄傲。晏子有功劳，把人从困境中解救出来，却反而对被解救的人很谦卑，他超过世俗已经相当远了。这就是保全功劳的方法啊。”

晏子之御感妻言而自抑损
晏子荐以为大夫

　　本章通过车夫妻子之口，赞扬晏子虽然矮小，却身相齐国，名显诸侯；更可贵的是其志向深远，谦逊有礼。这与车夫扬扬自得的神态形成显明对比。

晏子为齐相，出，其御之妻从门间而窥^①，其夫为相御，拥大盖^②，策驷马^③，意气扬扬，甚自得也。既而归，其妻请去。夫问其故，妻曰："晏子身不满六尺^④，身相齐国，名显诸侯。今者妾观其出，志念深矣，常有以自下者^⑤。今子长八尺，乃为人仆御。然子之意，自以为足。妾是以求去也^⑥。"

其后，夫自抑损^⑦。晏子怪而问之，御以实对，晏子荐以为大夫。

【注释】

①御：驭手，车夫。间（jiàn）：缝隙。窥：从缝隙里看。

②盖：车盖，车上遮阳挡雨的用具。其状上圆，下有柄。

③策：用鞭子赶。驷马：指四匹马拉的车。

④六尺：古代尺小，六尺相当于现在四尺多。

⑤自下：谦逊退让，敬重他人。

⑥妾：古代妇女的谦称。

⑦抑损：指收敛原来那种扬扬自得的神态。

【译文】

晏子当齐国的相，坐车出去，他的驭手的妻子从门缝里往外看，看到丈夫当齐相的驭手，拥着高大的车盖，赶着四匹马拉的车子，意气扬扬，很是得意。过了不久丈夫回到家，妻子请求离开。丈夫问为什么，妻子说："晏子身高不足六尺，却当齐国的相，在诸侯中享有盛名。今天我看他外出，志向深远，常常表现出谦卑的样子。现在您身高八尺，竟给人当驭手。可是您却心满意足，我因此请求离开。"

从那以后，丈夫自己收敛了先前那种扬扬自得的神态。晏子感到奇怪，问他为什么，驭手把实情说了，晏子就推荐他当了大夫。

泯子午见晏子晏子恨不尽其意

晏子对燕国游说之士见到自己因恐惧而不能畅所欲言之事深感忧虑，并由此反思，齐国一定有很多胸怀好的意见而死去、自己却不得会见的人。这种勇于自责的精神值得赞扬。

　　燕之游士有泯子午者①，南见晏子于齐。言有文章②，术有条理，巨可以补国，细可以益晏子者三百篇。睹晏子，恐慎而不能言③。晏子假之以悲色④，开之以礼颜，然后能尽其复也⑤。

【注释】

①泯子午：姓泯，字子午。

②文章：文采。

③恐慎：恐惧。慎，恐。

④假之以悲色：用好脸色宽慰他。假，宽。悲色，通"斐色"，彩色。

⑤复：回答我，答复。

【译文】

　　燕国游说的人有个叫泯子午的，往南到齐国去见晏子。他的言辞很有文采，理论很有条理，往大处说可以对国家有裨益，往小处说可以对晏子有好处的不下三百篇。他见到晏子，却害怕得不能讲话。晏子用和悦的脸色宽慰他，用礼貌的态度启发他，然后他才能把话讲完。

　　客退，晏子直席而坐①，废朝移时②。在侧者曰："向者燕客侍，夫子胡为忧也？"

　　晏子曰："燕，万乘之国也；齐，千里之涂也③。泯子午以万乘之国为不足说④，以千里之涂为不足远，则是千万人之上也。且犹不能殚其言于我⑤，况乎齐人之怀善而死者乎？吾所以不得睹者，岂不多哉？然吾失此，何之有也⑥？”

【译文】

客人走了以后，晏子端端正正地坐在席子上，一直坐到过了朝时很久。晏子身边的人说：“刚才燕国客人陪着您，您现在为什么忧愁呀？”

晏子说：“燕国，是拥有万辆兵车的大国；齐国，距离燕国有千里之遥。泯子午认为拥有万辆兵车的大国不值得游说，不远千里来到齐国，那么他就是超过千万人之上的人了。他尚且不能对我把话都讲完，何况齐国那些怀有好的意见而死去的人呢？我没有办法看到的人，难道不是很多了吗？然而我失掉这些人，还有什么功劳可言呢？”

晏子乞北郭骚米以养母
骚杀身以明晏子之贤

　　本章记叙北郭骚以死为晏子辩白的故事。晏子因受到景公的猜忌而出亡，向北郭骚告别，曾经蒙受晏子恩惠的北郭骚表面上无动于衷，很令晏子不快。其实，北郭骚已经作好为晏子而死的准备：召来朋友，一起到朝堂前，请传递消息的人转达君主，将用自己的死为晏子辩白冤诬。于是自刎而死，他的朋友也为他而自刎。迫使景公醒悟，追回了晏子。晏子最终明白了北郭骚品德的高尚。所谓"一饭必报""士为知己者死"，正是北郭骚之类的士人遵循的处世准则。

齐有北郭骚者①，结罘罔、捆蒲苇、织屦以养其母②，犹不足，踵门见晏子曰③："窃说先生之义，愿乞所以养母者。"晏子使人分仓粟府金而遗之④，辞金受粟。

【注释】
①北郭骚：姓北郭，名骚。
②罘（fú）：捕捉兔或鹿所用的网。罔：网。捆：砸，敲。用蒲苇编席子时要边编边敲，使之牢固。织屦（jù）：编草鞋。
③踵门：足至门，即走上门。踵，脚后跟，作动词，至，走到。
④仓：储藏粮食的地方。府：储藏钱财的地方。

【译文】
　　齐国有个名叫北郭骚的，靠结兽网、织席子、编草鞋奉养他的母亲，但仍然不能维持生活，于是就到晏子门上求见晏子，说："我内心很喜欢先生您的道义，希望求您给我奉养母亲的东西。"晏子派人拿出粮仓中的粮食和府库中的钱财给他，他谢绝了钱财，接受了粮食。

　　有间①，晏子见疑于景公，出奔②，过北郭骚之门而辞。北郭骚沐浴而见晏子曰："夫子将焉适③？"晏子曰："见疑于齐君，将出奔。"北郭骚曰："夫子勉之矣④！"晏子上车，太息而叹曰⑤："婴之亡，岂不宜哉？亦不知士甚矣⑥！"

【注释】

①有间（jiān）：不久。

②出奔：指外出政治避难。

③焉适：到哪里去？适，往，到……去。

④勉：努力。

⑤太息：长叹。

⑥"亦不知"句：意思是，自己对北郭骚有恩，如今有难，北郭骚竟无动于衷，自己当初是看错了人。

【译文】

过了不久，晏子被景公猜忌，逃往国外避难，经过北郭骚的门前向他告别。北郭骚洗发浴身恭敬地出来见晏子，说："先生您将到哪里去？"晏子说："我受到齐国国君的猜忌，将要逃往国外避难。"北郭骚说："先生您好自为之吧！"晏子上了车，长叹一声说："我逃亡国外难道不是应该的吗？我也太不了解人了！"

晏子行，北郭骚召其友而告之曰："吾说晏子之义，而尝乞所以养母者焉。吾闻之，养其亲者，身伐其难①。今晏子见疑，吾将以身死白之②。"著衣冠，令其友操剑奉笥而从③，造于君庭④，求复者曰⑤："晏子，天下之贤者也，今去齐国，齐必侵矣⑥。方见国之必侵⑦，不若死。请以头托白晏子也。"因谓其友曰："盛吾头于笥中，奉以托。"退而自刎。其友因奉托而谓复者曰："此北郭子为国故死，吾将为北郭子死。"又退而自刎。

①伉（kàng）：担当。

②白：表明，辩白。此指洗清冤诬。

③笥（sì）：方形竹器。

④造：至，到。

⑤复者：给君主传递消息的人。

⑥侵：被侵犯的意思。

⑦方：将。

【译文】

　　晏子走了以后，北郭骚召来自己的朋友，告诉他说："我喜欢晏子的道义，曾经向他请求用来奉养母亲的东西。我听说过，供养过自己亲属的人，自己应该承担他的祸患。现在晏子受到猜忌，我将用自己的死来洗清他的冤诬。"他穿上衣服戴上帽子，让朋友拿着剑捧着竹箱跟随着自己，到了朝廷门前，向为君主传递消息的官吏请求说："晏子是天下闻名的贤人，现在他离开了齐国，齐国必定会遭受侵犯。我将见到齐国必定会遭受侵犯，不如死了好。请允许我把自己的头托付给您，来为晏子洗清冤诬。"于是对他的朋友说："把我的头盛在竹箱里，捧着献给那个官吏。"说完，后退几步，自刎而死。他的朋友于是捧着盛头的竹箱，对传递消息的官吏说："这个北郭骚是为国难而死的，我将为北郭骚而死。"说完也后退几步，自刎而死。

　　景公闻之，大骇，乘驲而自追晏子①，及之国郊②，请而反之。晏子不得已而反，闻北郭子之以死白己也，太息而叹曰："婴之亡，岂不宜哉？亦愈不知士甚矣③！"

【注释】

①驲（rì）：传车，古伐驿站专用的车子。

②郊：国都城外百里之内为郊。

③"亦愈不知"句：意思是，自己没想到北郭骚会为自己自杀，原先竟没看出他是如此重义气的人，甚至还埋怨过他对自己出奔无动于衷。

【译文】

景公听到这事以后，非常害怕，乘坐着驿车亲自去追赶晏子，在离国都不到百里的地方追上了晏子，请晏子回去。晏子不得已，返回齐国。他听到北郭骚用死来为自己洗清冤诬，长叹一声说："我逃亡国外，难道不是应该的吗？这表明我更加不了解人了！"

景公欲见高纠晏子辞以禄仕之臣

　　晏子认为，为争夺土地而打仗的，不能成就王业；为得到俸禄而当官的，不能纠正君主过失。作为君主，不应该结交于己无补的禄仕之臣。

景公谓晏子曰："吾闻高纠与夫子游^①，寡人请见之。"

晏子对曰："臣闻之，为地战者，不能成其王；为禄仕者，不能正其君。高纠与婴为兄弟久矣^②，未尝干婴之行^③，特禄仕之臣也^④，何足以补君乎？"

【注释】

①高纠：晏子的家臣。游：交往。

②为兄弟：交往像兄弟一样亲密。

③干：犯，干涉。

④特：只不过。

【译文】

景公对晏子说："我听说高纠跟先生您交往，我请您允许我见见他。"

晏子回答说："我听说过，为了争夺土地而打仗的人，不能成就称王的事业；为了得到俸禄而当官的人，不能纠正君主的过失。高纠跟我像兄弟一样交往很长时间了，可是从来不曾对我的缺点提过不同的意见，他只不过是个为得到俸禄而当官的臣子，怎么能够对您有所帮助呢？"

高纠治晏子家不得其俗乃逐之

　　这里晏子介绍了自己家的三条规矩，也是对家臣的三条要求：平时闲居从容不迫却言不及义，就疏远他；出门不扬人之美，进门不切磋品行，就不亲近他；通晓国事却不评论，对智能之士傲视轻慢，就不会见他。

高纠事晏子而见逐。高纠曰："臣事夫子三年，无得①，而卒见逐，其说何也？"

晏子曰："婴之家俗有三，而子无一焉。"

纠曰："可得闻乎？"

晏子曰："婴之家俗：闲处从容不谈议②，则疏；出不相扬美，入不相削行，则不与③；通国事无论，骄士慢知者④，则不朝也⑤。此三者，婴之家俗，今子是无一焉。故婴非特食馈之长也⑥，是以辞。"

【注释】

①无得：指没有得到禄位。

②议：通"义"。

③与（yǔ）：亲近。

④知：同"智"。

⑤朝：见。

⑥特：只，仅仅。长：主。

【译文】

高纠侍奉晏子却被辞退了，高纠说："我侍奉了先生您三年，没有得到禄位，最终却被辞退了，这该怎么解释呢？"

晏子说："我家的规矩有三条，您却一条都没有。"

高纠说："您家的三条规矩能让我听听吗？"

晏子说："我家的三条规矩是：居家时从容不迫却言不及义，就疏远他；出门不赞扬别人的美德，进门不切磋品行，就不亲近他；通晓国家政事却不评论，对智能之士傲视轻慢，就不会见他。这三条，就是我家的规矩，现在您这些条一条都没有。所以，我不能仅仅做一个供给食物的人，因此才辞退了您。"

第六卷　内篇杂下第六

灵公禁妇人为丈夫饰不止
晏子请先内勿服

　　齐灵公喜欢让宫中妇女着男装，却禁止宫外妇女这样做，尽管措施很严厉但却不能禁止。晏子尖锐地指出：让宫内妇女着男装却禁止宫外妇女这样做，这就如同挂牛头卖马肉一样。如果不让宫内人穿，宫外自然没人敢穿了。结果果真如晏子所言。所谓"上有所好，下必甚焉"，此之谓也。

灵公好妇人而丈夫饰者①，国人尽服之。公使吏禁之，曰："女子而男子饰者，裂其衣，断其带。"裂衣断带相望而不止②。

【注释】

①灵公：齐灵公，齐顷公之子，庄公之父，公元前581—前554年在位，谥"灵"。丈夫：成年男子的通称。

②相望：到处可见。极言人多。

【译文】

齐灵公喜欢让宫中的妇女穿男子的服装，都城的妇女全都跟着穿男子的服装。灵公让官吏禁止都城的妇女这样做，说："妇女穿男子服装的，撕破她们的衣服，割断她们的衣带。"被撕破衣服割断衣带的人随处可见，但是不能制止住。

晏子见，公问曰："寡人使吏禁女子而男子饰，裂断其衣带，相望而不止者，何也？"

晏子对曰："君使服之于内，而禁之于外，犹悬牛首于门而卖马肉于内也①。公何以不使内勿服，则外莫敢为也。"

公曰："善。"使内勿服，不逾月，而国莫之服②。

【注释】

①"犹悬"句："悬牛首于门"喻禁于外，"卖马肉于内"

喻服于内。这句是比喻表里不一。

②莫之服：没有人再穿男子服装。

【译文】

晏子去见灵公，灵公问道："我让官吏禁止妇女穿男子的服装，有这样做的撕破她们的衣服，割断她们的衣带，被撕破衣服割断衣带的随处可见，但是不能制止住，这是为什么呢？"

晏子回答说："您在宫内让妇女穿男子服装，在宫外却禁止人们穿，这如同在门口挂的是牛头，在里边卖的是马肉一样。您为什么不让宫内妇女别穿男子服装，宫内妇女不穿了，那么宫外妇女就没有人敢这样做了。"

灵公说："您说得好。"于是就让宫内妇女不要穿男子服装，不出一个月，都城的妇女就没有人再穿男子服装了。

齐人好毂击晏子绐以不祥而禁之

　　本章写晏子假借神的旨意昭示以车毂相撞击不吉利，从而制止住齐国人以此为乐的习俗。其主旨是，要对人们的行为加以制止，居上位者必先做出表率；要改变民心，身教最重要。

　　齐人甚好毂击^①，相犯以为乐^②，禁之不止。晏子患之，乃为新车良马，出与人相犯也，曰："毂击者不祥，臣其祭祀不顺，居处不敬乎！"下车而弃去之，然后国人乃不为。故曰，禁之以制，而身不先行，民不能止。故化其心，莫若教也^③。

【注释】

①毂（gǔ）击：用车毂相撞击。毂，车轮中心的圆木，中间有孔可以穿轴。

②犯：撞击。

③教：指身教。

【译文】

　　齐国人很喜欢用车毂撞击，把用车毂互相撞击当成一种乐趣，禁止这样做也不能制止住。晏子对此很忧虑，就备好新车好马，出去跟别人互相撞击，说："用车毂撞击的人不吉利，我大概是祭祀时不顺从神的旨意，平常对神不敬吧！"说完就下了车，丢下车子离开了，从此以后齐国人才不干这种事了。所以说，用制度加以禁止，而自身如果不先做出表率，那么百姓就不能被制止住。所以要使民心改变，莫如以自己的实际行动去教育百姓。

柏常骞禳枭死将为景公请寿
晏子识其妄

　　柏常骞精心伪造了祈祷除掉枭鸟的假象欺骗景公，并诡称可以通过祭祀祈祷增加景公的寿命，声称祈祷成功会有地震的征兆。晏子得知事情的经过后，明确指出，只有让政治和道德顺应神意，才可以增加寿命，单凭祭祀则不可能。又根据天象显示的将有地震发生，说明发生地震与祈祷增寿毫无关系，揭穿了柏常骞的谎言。

景公为路寝之台，成而不踊焉①。柏常骞曰②："君为台甚急，台成，君何为而不踊焉？"公曰："然，有枭昔者鸣③，声无不为也④，吾恶之甚，是以不踊焉。"柏常骞曰："臣请禳而去⑤。"公曰："何具⑥？"对曰："筑新室，为置白茅。"

【注释】

①踊：登，上。

②柏常骞：本是周史官，齐景公时离开周到了齐国。

③枭（xiāo）：又作"鸮"。一种凶猛的鸟，叫声很难听。昔：夜。

④声无不为：意思是声音千奇百怪。

⑤禳（ráng）：祈祷免除灾祸。

⑥何具：准备什么东西？具，准备。

【译文】

景公修建正寝台，建成了，却不登上去。柏常骞说："您建台建得很急迫，台建成了，您为什么不登上去呢？"景公说："是的。有枭鸟夜里在那儿鸣叫，叫声千奇百怪，我非常讨厌它，因此不登上去。"柏常骞说："我请您允许我向神祈祷让它离开。"景公说："需要准备什么东西？"柏常骞回答说："修一所新房屋，在屋里放上白茅草。"

公使为室，成，置白茅焉。柏常骞夜用事①。明日，问公曰："今昔闻鸮声乎？"公曰："一鸣而不复闻。"使人往视之，鸮当陛②，布翌③，伏地而死④。

【注释】

①用事：指祈祷除灾之事。

②陛：台阶。特指官殿的台阶。

③布：铺开，展开。翌：同"翼"，翅膀。

④以上这些当是柏常骞制造的假象。

【译文】

景公派人修建房屋，建成了，在屋里放上白茅草。柏常骞夜里做祈神除灾的事。第二天，问景公说："今夜听到枭鸟的叫声了吗？"景公说："只听到叫了一声就再也没听到。"派人去察看，见枭鸟在殿阶当中，展开双翅，趴在地上死了。

公曰："子之道若此其明，亦能益寡人之寿乎？"对曰："能。"公曰："能益几何？"对曰："天子九，诸侯七，大夫五。"公曰："子亦有征兆之见乎①？"对曰："得寿，地且动。"公喜，令百官趣具骞之所求②。

【注释】

①见（xiàn）：显示。

②趣（cù）：同"促"，速，赶快。

【译文】

景公说："您的道术这样高明，也能增加我的寿命

吗？"柏常骞回答说："能。"景公说："能增加多少？"柏
常骞回答说："天子能增加九年，诸侯能增加七年，大夫能
增加五年。"景公说："增加寿命您也能让出现征兆吗？"
柏常骞回答说："得到了增加的寿命，地将发生震动。"景
公很高兴，命令百官赶快把柏常骞需要的东西准备好。

柏常骞出，遭晏子于涂，拜马前。辞^①。骞曰：
"为君禳枭而杀之，君谓骞曰：'子之道若此其明也，
亦能益寡人寿乎？'骞曰：'能。'今且大祭，为君
请寿，故将往，以闻^②。"晏子曰："嘻！亦善矣，
能为君请寿也！虽然，吾闻之，维以政与德而顺乎
神为可以益寿，今徒祭^③，可以益寿乎？然则福兆
有见乎？"对曰："得寿，地将动。"晏子曰："骞，
昔吾见维星绝^④，枢星散^⑤，地其动，汝以是乎？"
柏常骞俯有间，仰而对曰："然。"晏子曰："为之
无益，不为无损也。汝薄赋，毋费民，且令君知
之^⑥。"

【注释】

①辞：指晏子辞，即不让柏常骞拜。

②以闻：以之闻，把这件事告诉您让您知道。

③徒：只，仅仅。

④维星：指北斗星，古人视为天之纲维，故称之为
　"维"。绝：与下句的"散"都是隐蔽不见的意思
　（当系为云气所遮蔽），古人认为出现这种天象将有

地震发生。

⑤枢星：指天枢，北斗七星之首。

⑥令君知之：意思是要让君主知道地本来将要震动，并非祈祷得寿的征兆。

【译文】

　　柏常骞出去，在路上遇到了晏子，拜倒在晏子马前，晏子制止住他。柏常骞说："我为君主祈祷除掉枭鸟，神杀死了枭鸟。君主对我说：'您的道术这样高明，也能增加我的寿命吗？'我说：'能。'现在将举行大的祭祀，为君主请求增加寿命。所以我将去您那里，把这事告诉您。"晏子说："嘿！你能为君主请求增加寿命，这也太好了！虽说如此，可我听说过，只有让政治与道德顺应神的旨意，才可以增加寿命。现在仅仅祭祀一番，就可以增加寿命吗？您既然这样说，那么得福的征兆能出现吗？"柏常骞回答说："得到了增加的寿命，地将发生震动。"晏子说："柏常骞，夜里我看到维星和枢星都被遮蔽住了，你是凭着这个才说地将震动吧？"柏常骞低下头，过了一会儿，抬起头回答说："是的。"晏子说："这样，地发生震动就同祈祷增加寿命没有关系了，你祈祷也没有什么好处，不祈祷也没有什么害处。你应该减轻赋税，不要耗费百姓的钱财，而且应该让君主知道地原本就要发生震动。"

晏子使吴吴王命傧者称天子
晏子详惑

　　本章写晏子出访吴国对吴王僭称天子的非礼行为巧妙地予以批评，表现了晏子卓越的外交才能。

晏子使吴，吴王问行人曰①："吾闻晏婴，盖北方辩于辞、习于礼者也。命傧者曰②：'客见，则称天子请见。'"

【注释】

①行人：官名，掌朝见聘问之事。

②傧者：接引宾客和赞礼的人。

【译文】

晏子出使吴国，吴王对掌管聘问的行人说："我听说晏婴是北方善于辞令、熟悉礼仪的人。你去命令接待宾客的傧者说：'客人求见时，就说天子请他进去会见。'"

明日，晏子有事①，行人曰："天子请见。"晏子蹴然②。行人又曰："天子请见。"晏子蹴然。又曰："天子请见。"晏子蹴然者三，曰："臣受命弊邑之君，将使于吴王之所。以不敏而迷惑，入于天子之朝。敢问吴王恶乎存③？"然后吴王曰："夫差请见④。"见之以诸侯之礼⑤。

【注释】

①事：指公事。

②蹴（cù）然：不安的样子。

③恶（wū）乎存：在什么地方。恶乎，等于说"于何"。存，在。

④夫差：吴国国君名，阖闾之子。自称其名是谦称。

⑤"见之"句：这句意思是，夫差不敢僭越，以诸侯的礼节会见晏子。

【译文】

第二天，晏子有公事去见吴王，行人说："天子请您进去会见。"晏子显出不安的样子。行人又说："天子请您进去会见。"晏子显出不安的样子。行人又说："天子请您进去会见。"晏子第三次显出不安的样子，说："我从我们国君那里接受了命令，将出使到吴王那里去。因为我不聪明，迷失了道路，误入天子的朝廷。我冒昧地问一问，吴王在什么地方？"然后吴王才传话说："夫差请您进去会见。"吴王按诸侯的礼仪会见了晏子。

晏子使楚楚为小门
晏子称使狗国者入狗门

　　晏子出使楚国，楚人因为晏子身材矮小两次侮辱晏子，晏子以出使楚国不应从狗门入、齐国派使臣各有所主的犀利语言反唇相讥，维护了外交使臣的尊严。

晏子使楚。以晏子短，楚人为小门于大门之侧而延晏子①。晏子不入，曰："使狗国者从狗门入，今臣使楚，不当从此门入。"傧者更道②，从大门入。

【注释】

①延：引。

②更（gēng）：改变。

【译文】

晏子出使楚国。因为晏子矮，楚国人在大门旁边开了个小门引晏子进去。晏子不进去，说："出使狗国的，才从狗门进去，现在我出使楚国，不应当从这样的门进去。"傧者改变了路线，引晏子从大门进去。

见楚王，王曰："齐无人耶①？"晏子对曰："临淄三百闾②，张袂成阴③，挥汗成雨，比肩继踵而在④，何为无人⑤？"王曰："然则子何为使乎？"晏子对曰："齐命使，各有所主⑥。其贤者使使贤主⑦，不肖者使使不肖主。婴最不肖，故直使楚矣⑧。"

【注释】

①无人：指没有合适的人。

②临淄（zī）：齐国国都，故址在今山东淄博东北。闾（lú）：古代二十五家为一闾。

③张袂（mèi）成阴：人们把袂子举起就能（遮住阳

光）变成阴天。与下句"挥汗成雨"都是形容人口
众多。

④比肩继踵：肩靠着肩，脚挨着脚。比，并，紧靠着。
踵，脚后跟。

⑤为：通"谓"。

⑥各有所主：各自都有自己担负的使命。主，掌管。

⑦使使：派遣使臣出使。

⑧直：只，特意。

【译文】

晏子见到楚王，楚王说："齐国没有人了吗？"晏子回
答说："齐国都城临淄有上万户，人多得舒展开袖子就能把
天变成阴天，把汗挥洒下来就能形成雨，肩靠着肩，脚挨
着脚，怎么能说没有人？"楚王说："既然这样，那么您为
什么当了使臣？"晏子回答说："齐国派遣使臣，各有自己
担负的使命。那些贤德的人，就派他们出使到贤德的君主
那里去；不贤德的人，就派他们出使到不贤德的君主那里
去。我最不贤德了，所以只有出使楚国了。"

楚王欲辱晏子指盗者为齐人
晏子对以橘

　　面对楚王和近侍异常的羞辱齐人为盗的闹剧，晏子机智地以橘树过淮为枳为喻，指出人生长于齐不盗而入楚则盗乃是楚国水土使人变得善于偷盗，羞辱了楚王，维护了自己和齐国人的尊严。

晏子将使楚，楚王闻之，谓左右曰："晏婴，齐之习辞者也①。今方来，吾欲辱之，何以也②？"左右对曰："为其来也③，臣请缚一人过王而行。王曰：'何为者也？'对曰：'齐人也'。王曰：'何坐④？'曰：'坐盗。'"

【注释】

①习辞：善于辞令。

②何以：用什么办法。

③为：于，在。

④何坐：犯了什么罪。坐，犯……罪。

【译文】

晏子将要出使楚国，楚王听说以后，对身边的人说："晏婴是齐国善于辞令的人。现在他要来，我想羞辱他，该用什么办法？"身边的人回答说："等他到来的时候，请让我捆绑一个人在您面前经过，您就说：'这是什么人？'我回答说：'是齐国人。'您问：'犯了什么罪？'我回答说：'犯了偷盗罪。'"

晏子至，楚王赐晏子酒，酒酣①，吏二缚一人诣王②。王曰："缚者曷为者也？"对曰："齐人也，坐盗。"王视晏子曰："齐人固善盗乎？"晏子避席对曰③："婴闻之，橘生淮南则为橘，生于淮北则为枳④，叶徒相似，其实味不同⑤。所以然者何？水土异也。今民生长于齐不盗，入楚则盗，得无楚之水土使民善盗耶？"

　　王笑曰："圣人非所与熙也⑥，寡人反取病焉⑦。"

【注释】

①酒酣：喝酒喝得正畅快。

②诣（yì）：至，到……去。

③避席：离开座位。表示严肃。

④枳（zhǐ）：果树名，也叫"枸橘"，果实酸苦，可入药。按橘和枳是两种不同的果树，此处所说不确。

⑤其实：它们的果实。

⑥"圣人"句：圣人，敬称晏子。熙，通"嬉"，开玩笑。

⑦取病：自取其辱。病，耻辱。

【译文】

　　晏子到了楚国，楚王赐给晏子酒喝，喝酒喝得正畅快的时候，两个官吏捆着一个人来到楚王跟前。楚王说："捆着的人是干什么的？"官吏回答说："是齐国人，犯了偷盗的罪。"楚王看着晏子说："齐国人本来就善于偷盗吗？"晏子离开座位严肃地回答说："我听说过，橘树生长在淮河以南就是橘树，生长在淮河以北就变成枳树，只是叶子相似，它们的果实味道不一样。为什么会这样呢？是因为水土不一样。现在人生长在齐国不偷盗，进入楚国就偷盗，该不会是楚国的水土使人变得善于偷盗吧？"

　　楚王笑着说："圣人是不能跟他开玩笑的，我反而遭到羞辱了。"

田无宇胜栾氏高氏欲分其家
晏子使致之公

　　齐国大臣发生内乱，田氏、鲍氏战胜了栾氏、高氏，栾氏、高氏逃亡国外，田桓子打算分掉他们的家产。晏子劝阻说：群臣专政，是国家混乱的根源；分掉他们的家产，不符合国家法制。告诫田桓子把他们的家产交给公家，因为廉洁是政治的根本，谦让是道德的主体；积蓄财物必生灾祸，遵守道义才能保全自身；瓜分争夺者必招祸患，推辞谦让者不失幸福。

栾氏、高氏欲逐田氏、鲍氏①，田氏、鲍氏先知而遂攻之。高强曰："先得君，田、鲍安往②？"遂攻虎门③。二家召晏子，晏子无所从也。从者曰："何为不助田、鲍？"晏子曰："何善焉，其助之也？""何为不助栾、高？"曰："庸愈于彼乎④？"

【注释】

①栾氏：指栾施，字子旗。高氏：指高强，字子良。田氏：指田无宇，谥桓子。鲍氏：指鲍国，谥文子。

②安往：往何处去。

③虎门：齐宫门名。

④庸愈于彼乎：意思是，（这两个人）难道比那两个人强吗？庸，何，哪里。愈，胜过，超过。

【译文】

栾氏、高氏想驱逐田氏、鲍氏，田氏、鲍氏事先知道了，于是就攻打栾氏、高氏。高强说："如果我们先得到君主，田氏、鲍氏还能逃到哪里去？"于是就去攻打虎门。双方都召晏子去，晏子都不去。晏子的随从说："为什么不去帮助田氏、鲍氏？"晏子说："他们有什么好呢，值得我去帮助他们？"随从说："为什么不去帮助栾氏、高氏？"晏子说："这两个人难道比那两个人强吗？"

门开，公召而入。栾、高不胜而出①。田桓子欲分其家，以告晏子。晏子曰："不可。君不能饬法②，而群臣专制，乱之本也。今又欲分其家，利其货，是非制也。子必致之公。且婴闻之，廉者，政之本也；让者，德之主也。栾、高不让，以至此祸，可毋慎乎！廉之谓公正，让之谓保德。凡有血气者，皆有争心。怨利生孽③，维义可以为长存。且分争者不胜其祸，辞让者不失其福。子必勿取！"

桓子曰："善。"尽致之公，而请老于剧④。

的幸福。您一定不要拿取他们的财产！"

桓子说："您说得好。"于是把他们的财产全都交给了公家，他自己请求到剧城养老。

子尾疑晏子不受庆氏之邑
晏子谓足欲则亡

本章写晏子拒绝接受分给的食邑。晏子认为，对人的欲望不能充分满足，对财富应该加以规定。利益超过了规定，就会招致祸害，应该用道德进行规范。

庆氏亡①，分其邑，与晏子邶殿其鄙六十②，晏子勿受。子尾曰③："富者，人之所欲也，何独弗欲？"

晏子对曰："庆氏之邑足欲，故亡。吾邑不足欲也，益之以邶殿，乃足欲，足欲，亡无日矣。在外，不得宰吾一邑④。不受邶殿，非恶富也，恐失富也。且夫富，如布帛之有幅焉⑤，为之制度⑥，使无迁也⑦。夫民生厚而用利⑧，于是乎正德以幅之，使无黜慢⑨，谓之幅利。利过则为败。吾不敢贪多，所谓幅也。"

【注释】

①庆氏：指庆封。

②邶（bèi）殿：地名，齐别都。鄙：边邑。

③子尾：齐惠公孙。

④宰：主宰，掌管。

⑤幅：布帛的宽度。

⑥制度：规定（一定的）宽度。

⑦迁：移，变动。

⑧生厚：生活优厚。用利：器用富足。

⑨黜慢：废弃轻慢。

【译文】

庆氏逃亡国外，国君把他的食邑分给大臣们，分给晏子邶殿边上六十个城邑，晏子不接受。子尾说："富足，是人们都想要的，您为什么偏偏不想要？"

晏子回答说："庆氏的食邑能充分满足他的欲望，所以他逃亡国外了。我的食邑不能满足我的欲望，把邶殿的城邑增加给我，就能满足我的欲望，欲望满足了，离逃亡国外就没有几天了。逃亡国外，就连我原来的一个城邑也不能主宰了。我不接受邶殿的城邑，不是厌恶富足，是害怕失去富足。再说富有，就像布帛有一定幅度一样，给它规定一定的幅度，就是不要让人们随意改变。人们都想生活优厚，器用富饶，于是就端正道德让人们遵守，不要让道德遭到废弃和轻慢，这叫做为利益制定规则。利益超过了规定，就会因此遭受祸害。我不敢贪求多得利益，这就是所说的遵守规则啊。"

景公禄晏子平阴与棠邑
晏子愿行三言以辞

　　晏子拒绝接受景公赐给的食邑，批评景公喜欢修建宫室、出游玩乐、用兵打仗，致使民力疲惫、民财耗尽、民众濒临死亡。又提出三件事权做自己的"俸禄"：关市只检查，不征税；对农民，只收十分之一赋税；减轻刑罚。这些，集中体现了晏子爱民、惠民的主张。

景公禄晏子以平阴与棠邑反市者十一社①。晏子辞曰："吾君好治宫室，民之力弊矣；又好盘游玩好②，以饬女子③，民之财竭矣；又好兴师，民之死近矣。弊其力，竭其财，近其死，下之疾其上甚矣④。此婴之所为不敢受也。"公曰："是则可矣。虽然，吾子独不欲富与贵乎？"晏子曰："婴闻为人臣者，先君后身，安国而度家⑤，宗君而处身。曷为独不欲富与贵也？"

【注释】

①禄：给俸禄，给食邑。棠邑：即莱邑。反市：在市上做买卖。反，通"贩"。社：古代二十五家为一社。

②盘游：出游。盘，盘桓，逗留。

③饬：通"饰"，修饰，打扮。

④疾：痛恨。

⑤度（zhái）：居。

【译文】

　　景公把平阴与棠邑赐给晏子做食邑，另有做买卖的人家二百余户。晏子谢绝说："我们君主喜欢修建宫室，百姓的力气很疲惫了；又喜欢出游玩乐，打扮宫中妇女，百姓的钱财耗费干净了；又喜欢用兵打仗，百姓都接近死亡的边缘了。把他们的力气搞疲惫，把他们的钱财耗费干净，让他们接近死亡边缘，下面的人痛恨他们的上级已经很厉害了！这就是我不敢接受的原因。"景公说："您说的这些倒是有道理。虽然这样，可是您难道就不想富贵吗？"晏子说："我听说当臣子的，把君主的事放在前边，把自己的事放在后边。使国家安定，因而自己也能安居；使君主尊贵，因而自己也能安身。我为什么偏偏不想富贵呢？"

公曰："然则曷以禄夫子？"晏子对曰："君商渔盐①，关市讥而不征②；耕者十取一焉；弛刑罚③——若死者刑，若刑者罚，若罚者免。若此三言者，婴之禄，君之利也。"公曰："此三言者，寡人无事焉④，请以从夫子。"

【注释】

①商：让……贩卖。

②讥：察，检查。

③弛：松，放宽。

④无事：指做起来不成问题。

【译文】

景公说："既然这样，那么用什么东西做先生您的俸禄呢？"晏子回答说："您让打鱼的晒盐的可以到处去贩卖，边境和市场只检查，但不征税；对种地的只收十分之一的税；减轻刑罚——如果是该处死的，就改判徒刑；如果是该判徒刑的，就改判罚款；如果是该罚款的，就免除了。上面这三句话，就算是我的俸禄，也是您的利益啊。"景公说："这三句话，我实行起来没有问题，请允许我听从先生您的意见。"

公既行若三言^①，使人问大国，大国之君曰："齐安矣。"使人问小国，小国之君曰："齐不加我矣^②。"

【注释】

①若：此。

②加：侵凌，欺侮。

【译文】

景公已经依照这三句话去做了，派人去询问大国，大国的君主说："齐国平安了。"派人去询问小国，小国的君主说："齐国不会欺侮我们了。"

梁丘据言晏子食肉不足
景公割地将封晏子辞

　　本章写身居相位，政绩卓著的晏子却肉食不足、过着俭朴的生活，而且不接受君主的封地。晏子关于贫而不恨、以贫困为宗旨的处世态度，至今仍有一定的教育意义。

晏子相齐，三年，政平民说。梁丘据见晏子中食①，而肉不足，以告景公。旦日②，割地将封晏子。晏子辞不受，曰："富而不骄者，未尝闻之；贫而不恨者③，婴是也。所以贫而不恨者，以若为师也④。今封，易婴之师。师已轻，封已重矣。请辞。"

【注释】

①中食：吃的是中等食物。

②旦日：明日，第二天。

③恨：遗憾，后悔。

④若：此，指"贫"。

【译文】

晏子当齐国的相，当了三年，政治安定，百姓和乐。梁丘据看到晏子吃的是一般饭食，肉不充足，就把这事告诉了景公。第二天，景公划分出土地要封给晏子，晏子谢绝不肯接受，说："富足但不骄横的人，不曾听说过；贫穷但不遗憾的人，我就是啊。我所以贫穷但不遗憾，是因为以贫穷为宗旨。现在如果封给我土地，就是让我改变贫穷的宗旨、宗旨被看轻了，封赐却被看重了，请允许我谢绝。"

景公以晏子食不足致千金
而晏子固不受

　　本章写晏子不接受景公送给的财物。首先声称自己家里并不贫困，然后解释忠臣、仁人、智者不肯"厚取之君"的理由，最后表示有衣穿、有饭吃、免于冻饿，心里就知足了。不厚取财物，不攀比富贵，以及"圣人千虑，必有一失；愚人千虑，必有一得"的精辟论断，足以警诫后世之人。

晏子方食，景公使使者至。分食食之^①，使者不饱，晏子亦不饱。

【注释】

①食（sì）之：给他吃。食，使……吃。

【译文】

晏子正在吃饭，景公派使者来了。晏子把饭分给使者吃，结果使者没吃饱，晏子也没吃饱。

使者反，言之公。公曰："嘻！晏子之家，若是其贫也！寡人不知，是寡人之过也。"使吏致千金与市租^①，请以奉宾客。晏子辞，三致之，终再拜而辞曰："婴之家不贫。以君之赐，泽覆三族^②，延及交游^③，以振百姓^④，君之赐也厚矣，婴之家不贫也。婴闻之，夫厚取之君，而施之民，是臣代君君民也^⑤，忠臣不为也；厚取之君，而不施于民，是为筐箧之藏也^⑥，仁人不为也；进取于君，退得罪于士^⑦，身死而财迁于他人，是为宰藏也^⑧，智者不为也。夫十总之布^⑨，一豆之食^⑩，足于中^⑪，免矣^⑫。"

【注释】

①市租：在市上征收的税。

②泽：恩泽。三族：指父亲、母族、妻族。

③延：扩大。交游：朋友。

④振：救济。

⑤君民：给人民当君主。君，当君主。

⑥箧（qiè）：箱子。

⑦得罪于士：（因不分钱财给士而）得罪士人。

⑧宰：家宰，家臣。

⑨总：计算布帛数量的词，略等于"捆""簇"。

⑩豆：古代盛食物的高脚器皿。这里作量词。

⑪中：内心。

⑫免：指免于冻饿。

【译文】

使者回去以后，把这情况向景公说了。景公说："嘿！晏子的家里竟这样贫困啊！我不了解情况，这是我的过错。"就派官吏送给晏子千金钱财和市场上的税收，让他用这些钱财奉养宾客。晏子谢绝了，官吏多次去送，最后，晏子拜了两拜谢绝说："我的家里不贫困。靠了君主的赏赐，我的父族、母族、妻族都蒙受了恩泽，扩大到我交往的朋友，还用来救济百姓，君主的赏赐已经很优厚了，我的家里不贫困。我听说过，向君主要很多钱财，用来施舍给百姓，这是臣子代替君主给百姓当君主，忠臣不这样做；向君主要很多钱财，却不施舍给百姓，这是为了把钱财收藏在自家箱子里，仁德的人不这样做；在朝廷向君主要很多钱财，回到家不分给士，因而得罪了士，自己死后财产转移到别人手里，这是为家臣收藏钱财，聪明的人不这样做。十捆布，一碗饭，我心里就感到满足了，这样就可以免于冻饿了。"

景公谓晏子曰："昔吾先君桓公，以书社五百封管仲，不辞而受。子辞之，何也？"

晏子曰："婴闻之，圣人千虑，必有一失；愚人千虑，必有一得。意者管仲之失，而婴之得者耶！故再拜而不敢受命。"

【译文】

景公对晏子说："从前我们的先君桓公，把五百社的人口和土地封给管仲，管仲没有推辞，接受了。您为什么要推辞呢？"

晏子说："我听说过，智者千虑，必有一失；愚者千虑，必有一得。我想管仲的千虑之失，就是我的千虑之得吧！所以我只能再次拜谢，但不敢接受您的赏赐。"

景公以晏子衣食弊薄
使田无宇致封邑晏子辞

　　本章写身为齐相的晏子衣食之俭朴，然而却不肯接受景公给予的食邑。晏子关于"臣有德，益禄；无德，退禄"的主张是值得肯定的。

晏子相齐，衣十升之布①，食脱粟之食、五卵、苔菜而已②。左右以告公，公为之封邑，使田无宇致台与无盐③。

晏子对曰："昔吾先君太公受之营丘④，为地五百里，为世国长⑤。自太公至于公之身，有十数公矣。苟能说其君以取邑⑥，不至公之身，趣齐搏以求升土⑦，不得容足而寓焉⑧。婴闻之，臣有德，益禄；无德，退禄。恶有不肖父为不肖子为封邑以败君之政者乎⑨？"遂不受。

【注释】

①衣（yì）：穿。十升之布：指一般的布制做的衣服。升，八十缕为一升。

②脱粟之食：指普通的饭食。脱粟，去掉谷粒的皮，即小米。卵：指鸡蛋。苔菜：泛指一般的蔬菜。

③台与无盐：台邑与无盐邑，都是齐地名。

④营丘：邑名，在今山东淄博临淄区北。

⑤为世国长：当诸侯之长。世国，指世代相继的诸侯国。

⑥说：同"悦"，取悦，讨好。

⑦趣：趋，奔向。搏：指取得君主的欢心。升土：指土地。

⑧寓：寄托，存身。

⑨恶（wū）：何，哪里。不肖父为不肖子为封邑：不贤德的父亲给不贤德的儿子谋求封邑。贪图封邑则为不肖，所以晏子这样说。

【译文】

晏子当齐国的相，穿的是一般的布制做的衣服，吃的是普通的饭、五个鸡蛋和一般蔬菜罢了。景公的近臣把这情况告诉了景公，景公因此要封给他食邑，派田无宇送给他台和无盐食邑。

晏子回答说："从前我们的先君太公受封于营丘，有土地五百里见方，成为诸侯之长。从太公传到您，有十几位君主了。如果臣子能够取悦于君主就得到封地，那么君位就传不到您这里了，人们都会奔赴齐国取得君主的欢心，以便求得土地，君主就会没有立足之地存身。我听说过，臣子有德，就增加他的俸禄；无德，就收回他的俸禄。哪里有不贤德的父亲为不贤德的儿子谋求封邑，以致败坏了君主的政事呢？"终于没有接受封邑。

景公欲更晏子宅
晏子辞以近市得所求讽公省刑

　　晏子谢绝了景公为自己更换住宅的打算，认为住宅靠近市场对自己有好处。在回答景公市场上"何贵何贱"的询问时，针对景公滥施刑罚、市场上有卖为受刖刑之人制做的假脚的，语含讥讽地回答说假脚贵、鞋子贱，促使景公因此而减少了刑罚。

景公欲更晏子之宅，曰："子之宅近市，湫隘嚣尘①，不可以居，请更诸爽垲者②。"晏子辞曰："君之先臣容焉③，臣不足以嗣之④，于臣侈矣。且小人近市⑤，朝夕得所求，小人之利也。敢烦里旅⑥？"

【注释】

①湫隘（jiǎo ài）：低下狭小。嚣：叫喊声。尘：尘土。

②诸："之于"的合音词。爽：明亮，敞亮。垲（kǎi）：高而干燥。

③君之先臣：您的去世的臣子。此指晏子自己的先辈。

④嗣：继承。

⑤小人：谦称自己。

⑥里旅：乡里群众。指邻居们。

【译文】

景公想更换晏子的住宅，说："您的住宅靠近市场，低湿狭窄，人声噪杂，尘土飞扬，不可以居住，请换到敞亮干燥的地方去住。"晏子谢绝说："我的先辈住在这里，我不能继承先辈的功业，这住处对我来说已经很奢侈了。再说我靠近市场，一早一晚都能听到我所需要的东西，这是对我有利的。怎么敢麻烦邻里们呢？"

公笑曰："子近市，识贵贱乎①？"对曰："既窃利之②，敢不识乎？"公曰："何贵何贱？"是时也，公繁于刑，有鬻踊者③，故对曰："踊贵而屦贱。"公愀然改容④。公为是省于刑。

【注释】

①识：知道。

②窃：谦词，私下里。

③踊：为受刖刑（砍掉脚的刑罚）的人制做的假脚。

④愀（qiǎo）然：脸色改变的样子。

【译文】

　　景公笑着说："您靠近市场，知道什么贵什么贱吗？"晏子回答说："既然我把靠近市场看成是对我有利的，怎能不知道呢？"景公说："什么贵什么贱？"当时，景公的刑罚繁酷，市场上有卖为砍掉脚的人制做的假脚的，所以晏子回答说："假脚贵，鞋子贱。"景公听后变了脸色。景公因此减省了刑罚。

　　君子曰："仁人之言，其利博哉！晏子一言，而齐侯省刑。《诗》曰：'君子如祉，乱庶遄已①。'其是之谓乎！"

【注释】

①"君子"二句：所引诗见《诗·小雅·巧言》。意思是，君子多行对人有福的事，祸乱会很快终止。祉（zhǐ），福。遄（chuán），快，疾速。

【译文】

　　君子对此评论说："仁德之人说的话，它的好处真大啊！晏子说了一句话，齐侯就减少了刑罚。《诗》中说：'君子做对人有福之事，祸乱很快就制止。'大概说的就是这个吧！"

景公毁晏子邻以益其宅
晏子因陈桓子以辞

　　景公在晏子出使晋国时为他扩建了住宅。晏子回国后拆毁新居，照原样重建了邻居的住房让他们回来住，并且引谚语向他们解释说，自己不做无礼之事。最终恢复了原来的住宅。

晏子使晋，景公更其宅，反则成矣。既拜，乃毁之，而为里室^①，皆如其旧，则使宅人反之，曰："谚曰：'非宅是卜，维邻是卜^②。'二三子先卜邻矣^③，违卜不祥。君子不犯非礼，小人不犯不祥，古之制也。吾敢违诸乎？"卒复其旧宅。公弗许，因陈桓子以请，乃许之。

【注释】

①为里室：指为邻里建造房子。

②"非宅"二句：不是占卜个好住宅，只是占卜个好邻居。

③二三子：等于说"诸位""诸君"。这里是对邻人的称呼。

【译文】

晏子出使晋国，景公改建了他的住宅，等他回来时，已经建成了。晏子拜谢了景公以后，就拆毁了新居，完全按照原来的样子为被拆毁了住房的邻居盖好了房子，让他们回来居住。晏子说："谚语说：'不图卜个好宅基，只图卜个好邻居。'这几位原先已经占卜过邻居了，违背了占卜是不吉利的。君子不做不符合礼节的事，小人不做不吉利的事，这是古代的制度。我怎么敢违背呢？"终于恢复了原来的住宅。景公不答应，晏子通过陈桓子向景公请求，景公才答应了。

景公以晏子妻老且恶欲内爱女
晏子再拜以辞

　　景公因为晏子的妻子又老又丑要把年轻漂亮的女儿嫁给晏子。晏子严肃地表示，妻子从年轻貌美时嫁给自己，自己决不辜负妻子的以身相托。话语入情入理，令人感动。

景公有爱女，请嫁于晏子。公乃往燕晏子之家^①，饮酒酣，公见其妻，曰："此子之内子耶^②？"晏子对曰："然，是也^③。"公曰："嘻！亦老且恶矣^④。寡人有女，少且姣^⑤，请以满夫子之宫^⑥。"晏子违席而对曰^⑦："乃此则老且恶^⑧，婴与之居故矣^⑨，故及其少而姣也^⑩。且人固以壮托乎老^⑪，姣托乎恶，彼尝托而婴受之矣。君虽有赐，可以使婴倍其托乎^⑫？"再拜而辞。

【注释】

①燕：通"宴"，饮酒。

②内子：妻子。

③是也：这就是啊。

④恶：丑陋。

⑤姣：美丽，漂亮。

⑥宫：室。先秦时一般人的房屋也叫宫。

⑦违席：离开座位。表示庄重、严肃。

⑧乃此：等于说"乃今"，如今，现在。

⑨与之居故：长期跟她住在一起。故，素，一向，长期。

⑩故：通"固"，本来。及：赶上。

⑪以壮托乎老：从壮年委身于人一直到老年。下句"姣托乎恶"指从漂亮时委身于人一直到变丑陋。

⑫倍：通"背"，背叛。这里有辜负的意思。

【译文】

景公有一个心爱的女儿，请求嫁给晏子。景公于是就到晏子家里去喝酒，喝到正畅快时，景公看见了晏子的妻子，说："这就是您的妻子吗？"晏子回答说："是的，这人就是啊。"景公说："嘿！也太老而且太丑陋了。我有个女儿，又年轻又漂亮，请让她做先生您的妻室。"晏子离开座位回答说："如今她确实又老又丑陋，我长期跟她生活在一起，原本赶上过她又年轻又漂亮的时候。再说人家本来从壮年托身于人一直到老年，从漂亮时候托身于人一直到变丑陋。她曾托身于我，而我已经接受了。您即使想把女儿恩赐给我，怎么可以让我辜负了我妻子的委身相托呢？"拜了两拜，谢绝了。

景公以晏子乘弊车驽马
使梁丘据遗之三返不受

　　晏子认为，能吃得饱，穿得暖，有破旧的车和劣等的马乘坐，就很知足了。他坚决不肯接受景公送给的大车和四匹马，认为自己治理群臣百官，应该节制衣服饮食的供养，为国人做出表率，以防止奢靡之风的流行；否则，追求衣服饮食奢侈之风便无法禁止了。

晏子朝，乘弊车，驾驽马。景公见之曰："嘻！夫子之禄寡耶？何乘不佼之甚也①？"晏子对曰："赖君之赐，得以寿三族②，及国游士③，皆得生焉。臣得暖衣饱食，弊车驽马以奉其身④，于臣足矣。"

【注释】

①佼：好。

②寿：保。三族：指父族、母族、妻族。

③游士：指与自己交往的人。

④奉：供。

【译文】

晏子上朝，坐着破旧的车，驾着劣等的马。景公见到这种情景，说："嘿！先生您的俸禄少吗？为什么乘坐的这样破旧不堪呢？"晏子回答说："靠了您的赏赐，我得以供养父族、母族、妻族，连国内与我交往的人，都得以养活。我能吃得饱，穿得暖，有破旧的车和劣等的马供我乘坐，对我来说就足够了。"

晏子出，公使梁丘据遗之辂车乘马①，三返不受。公不说，趣召晏子②。晏子至，公曰："夫子不受，寡人亦不乘。"晏子对曰："君使臣临百官之吏③，臣节其衣服饮食之养，以先齐国之民④，然犹恐其侈靡而不顾其行也⑤。今辂车乘马，君乘之上，而臣亦乘之下，民之无义，侈其衣服饮食而不顾其行者，臣无以禁之。"遂让不受⑥。

【注释】

①辂（lù）车：大车，多指君王用的大车。乘（shèng）
　马：四匹马。

②趣：同"促"，速，赶快。

③临：治理，管理。

④先齐国之民：意思是为齐国人做出表率。

⑤侈靡：奢侈浪费。

⑥让：辞，谢绝。

【译文】

　　晏子出朝以后，景公派梁丘据送给晏子大车和四匹马，
送去多次晏子都不接受。景公很不高兴，命令赶快召晏子
来。晏子来了，景公说："先生您如果不接受，那么我也不
乘坐了。"晏子回答说："您让我治理群臣百官，我节制衣
服饮食的供养，为齐国百姓做出表率，然而还是担心百姓
会奢侈浪费而不考虑自己的行为是否合适。现在四匹马拉
的大车，您作为君主乘坐着，我作为臣子也乘坐着，那么，
对那些不顾礼仪、衣服饮食奢侈而不考虑自己的行为是否
合适的人，我就没有办法去禁止了。"于是谢绝了，没有
接受。

梁丘据自患不及晏子
晏子勉据以常为常行

晏子认为，要取得成功，贵在身体力行，贵在坚持不懈。

梁丘据谓晏子曰:"吾至死不及夫子矣!"

晏子曰:"婴闻之,为者常成,行者常至。婴非有异人也,常为而不置^①,常往而不休者,故难及也^②?"

【注释】

①置:放下,放弃。

②故:通"胡",何,为什么,怎么。

【译文】

梁丘据对晏子说:"我到死也赶不上先生您了!"

晏子说:"我听说过,做事情的人常常能做成功,行走的人常常能到达目的地。我与别人没有什么不同,我只是个经常做事情而不放下,经常行走而不停止的人,怎么会难以赶上呢?"

晏子老辞邑景公不许
致车一乘而后止

    本章写晏子年老归还食邑之事。景公以齐国自古从无大夫年老归还食邑事为根据，认为晏子这样做是违背国家法规。晏子认为，臣子应该"德厚而受禄，德薄而辞禄"，其主张无疑具有进步意义。景公又举管仲年老仍受重赏、惠及子孙的事例，想让晏子效仿。晏子谦逊地表示自己不如管仲，不能为子孙受赏赐。尽管景公不同意，但晏子最终还是得机会交出食邑和一辆车子。

晏子相景公，老，辞邑①。公曰："自吾先君定公至今②，用世多矣③，齐大夫未有老辞邑者矣。今夫子独辞之，是毁国之故、弃寡人也④。不可。"晏子对曰："婴闻古之事君者，称身而食⑤。德厚而受禄，德薄则辞禄。德厚受禄，所以明上矣⑥；德薄辞禄，可以洁下矣⑦。婴老，德薄无能，而厚受禄，是掩上之明，污下之行。不可。"

【注释】

①辞邑：退还食邑。

②定公：景公的先君无定公而有丁公。丁公，太公之子，始居齐，所以这里从丁公算起。

③用世：指掌权当君主。

④故：指故法。

⑤食：指享受俸禄。

⑥明上：使君主声誉彰明。

⑦洁下：使下属廉洁。

【译文】

晏子给景公当相，年老了，请求归还食邑。景公说："从我们先君丁公到现在，在齐国掌权当君主的很多了，齐国大夫中从来没有年老了就归还食邑的人。现在先生您偏偏要归还食邑，这是破坏国家固有的法规、抛弃我啊。不可以这样做。"晏子回答说："我听说古代侍奉君主的人，衡量自己的道德然后决定是否接受俸禄。道德淳厚就接受俸禄，道德微薄就归还俸禄。道德淳厚接受俸禄，是为了让君主的声誉彰明；道德微薄归还俸禄，是为了让下边的人廉洁。我年老了，道德微薄，缺乏才能，却接受丰厚的俸禄，这就是掩盖君主的英明，使下边的人贪婪。不可以这样做。"

公不许，曰："昔吾先君桓公，有管仲恤劳齐国^①，身老，赏之以三归^②，泽及子孙。今夫子亦相寡人，欲为夫子三归，泽至子孙，岂不可哉？"对曰："昔者管子事桓公，桓公义高诸侯，德备百姓。今婴事君也，国仅齐于诸侯，怨积乎百姓，婴之罪多矣，而君欲赏之，岂以其不肖父为不肖子厚受赏以伤国民义哉？且夫德薄而禄厚，智惛而家富，是彰污而逆教也^③。不可。"

【注释】

① 恤劳：忧虑操劳。

② 三归：指按例收取的市租。

③ 逆教：违背圣贤的教诲。

【译文】

景公不答应，说："从前我们的先君桓公，有管仲为齐国的政事忧虑操劳，管仲年老了，桓公把按例收取的市租赏给他，连他的子孙后代都蒙受了恩泽。现在先生您也给我当相，我想把按例收取的市租给您，让您的子孙后代都蒙受恩泽，难道不可以吗？"晏子回答说："从前管子侍奉桓公，桓公的道义超过了其他诸侯，恩德施加给了百姓。

现在我侍奉您，国家仅仅和其他诸侯国处于同等地位，在百姓那里却聚积了很多怨恨，我的罪过很多了，可是您却想赏赐我，难道我这个不贤德的父亲还要替不贤德的儿子接受丰厚的赏赐，因而损害国家人民的道义吗？况且道德微薄俸禄却丰厚，才智昏惑家里却富足，这就是使贪婪昭彰，而且违背圣贤的教诲。不可以这样做，"

公不许。晏子出。异日朝①，得间而入邑，致车一乘而后止。

【注释】

①异日：另外的一天。指过了几天。

【译文】

景公不答应。晏子退出朝廷。过了几天，晏子去朝见，得到机会就交出了食邑，又交出一辆车子然后才算完。

晏子病将死妻问所欲言
云毋变尔俗

　　本章记晏子的临终遗言，从中看出晏子对自家良好习俗的重视。

晏子病①，将死，其妻曰："夫子无欲言乎②？"晏子曰："吾恐死而俗变。谨视尔家③，毋变尔俗也。"

【注释】

①病：病重。

②夫子：这里是对丈夫的尊称。等于说"先生"。

③视：审察，察看。

【译文】

晏子病重，快要死了，他的妻子说："先生没有要说的话吗？"晏子说："我担心我死后习俗会改变。你要谨慎地察看着你的家，不要改变你家的习俗。"

晏子病将死凿楹纳书
命子壮而示之

　　本章写晏子临终给儿子的遗书，内容既有家事，更有国事，句句朴实而诚恳。

晏子病，将死，凿楹纳书焉①，谓其妻曰："楹语也，子壮而示之②。"

及壮，发书，书之言曰："布帛不可穷③，穷不可饰；牛马不可穷，穷不可服④；士不可穷，穷不可任；国不可穷，穷不可窃也⑤。"

【注释】

①楹：柱子。书：信。

②示：让……看。

③穷：乏，缺乏。

④服：驾。

⑤窃：通"践"，实行。此指实行政令。

【译文】

晏子病重，快要死了，把柱子凿了个洞，把写好的书信放在里边，对他的妻子说："藏在柱子里的书信上的话，等儿子长大了再让他看。"

等到儿子长大以后，打开书信，信上写的是："布帛不可以缺少，缺少了就没有穿的；牛马不可以缺少，缺少了就没有驾车的；士不可以缺少，缺少了就没有人可以任用；国家不可以穷困，穷困了就不可推行政令。"

第七卷　外篇第七

有献书谮晏子
退耕而国不治复召晏子

　　第七卷各章内容与前面多有重复，所以只选此一章。

　　本章写身为齐相的晏子因为荐贤不与君同，罢不善不避君所爱以及直言劝谏被人诋毁为专断傲慢，景公听信谗言因而不喜欢晏子。晏子于是辞官，躬耕于海滨。景公自己治理国家，结果受到诸侯轻视，权势弱于高氏、国氏，这才感到恐惧，召回了晏子。晏子复职以后，诸侯们害怕他的威严，高氏、国氏服从他的政令，燕国、鲁国前来进贡，小国按时来朝拜，显示了晏子的治国才能。

晏子相景公，其论人也，见贤而进之，不同君所欲；见不善则废之，不辟君所爱①。行己而无私，直言而无讳。有纳书者曰②："废置不周于君前③，谓之专；出言不讳于君前，谓之易④。专易之行存，则君臣之道废矣。吾不知晏子之为忠臣也。"公以为然。晏子入朝，公色不说，故晏子归，备载⑤，使人辞曰："婴故老悖无能⑥，毋敢服壮者事。"

【注释】

①辟：躲避。

②纳书：献上书信。

③周：合，和谐。

④易：轻慢。

⑤备载：套上车马。备，通"犕"，把鞍辔等套在马身上。

⑥故：通"固"，本来。悖：糊涂。

【译文】

晏子给景公当相，他对待人的原则是，看到贤德的人就提拔他，不求和君主的想法相同；看到不贤德的人就罢免他，不躲避君主所宠爱的人。他自己的所作所为没有私心，对君主直言劝谏而不加避讳。有人献上诋毁晏子的书信，说："罢免人提拔人不与君主协调一致，这叫做专断；在君主面前说话不加避讳，这叫做傲慢。专断傲慢的行为存在，那么君臣之间的伦理就废弃了，我不知道晏子怎么能算是忠臣。"景公认为这人的话很对。晏子入朝，景公脸色很不高兴，所以晏子回去以后，就套好车马，派人向景公辞职说:"我本来已经年老糊涂没有能力了,不敢再担当壮年人担当的职务。"

　　辞而不为臣,退而穷处,东耕海滨,堂下生藜藿^①,门外生荆棘。七年,而家无积。公自治国,权轻诸侯,身弱高、国。燕、鲁分争,百姓惛乱。公恐,复召晏子。晏子至,公一归七年之禄,而家无藏^②。

【注释】

①藜:一年生草本植物。藿(huò):豆叶。"藜藿"泛指杂草。

②家无藏:家里没有积藏的财物,意思是全都分给了贫困的人。

【译文】

　　晏子辞了职,不再当臣子,回去以后住在穷乡僻壤,向东到海边上耕种田地,院里长满杂草,门外长满荆棘。过了七年,家里穷得没有积蓄。景公亲自治理国家,权势被诸侯轻视,势力比高氏、国氏还弱。燕国、鲁国与齐国分庭抗礼,齐国百姓大乱。景公很害怕,又召晏子回来。晏子回来了,景公把七年的俸禄全都归还了他,而他全都分给了贫困之人,家里没有积藏的财物。

　　晏子立,诸侯忌其威,高、国服其政,燕、鲁贡职,小国时朝。晏子没而后衰^①。

【注释】

①没：通"殁"，死。

【译文】

晏子复职以后，诸侯们都害怕他的威严，高氏、国氏都服从他的政令，燕国、鲁国都来进贡，小国都按时来朝拜。晏子死了以后齐国才衰落。

第八卷　外篇第八

仲尼之齐见景公而不见晏子
子贡致问

　　孔子因为晏子侍奉三位君主都能顺从而怀疑其为人。晏子表示，自己一心一意侍奉三位君主，所以能顺从；而孔子在不了解实际的情况下毫无根据地指责自己，难免陷于困境。孔子听说以后，勇于自责，真诚道歉，确实体现了"过则勿惮改"的精神。

仲尼之齐，见景公而不见晏子。子贡曰："见君不见其从政者①，可乎？"仲尼曰："吾闻晏子事三君而顺焉，吾疑其为人。"

【注释】

①从政者：执政的人。

【译文】

仲尼到齐国去，谒见景公却不去见晏子。子贡说："谒见君主却不去见他的执政的人，可以吗？"仲尼说："我听说晏子侍奉三位君主而且能顺从他们，我怀疑他的为人。"

晏子闻之，曰："婴则齐之世民也①，不维其行②，不识其过，不能自立也。婴闻之，有幸见爱③，无幸见恶，诽誉为类④，声响相应⑤，见行而从之者也⑥。婴闻之，以一心事三君者，所以顺焉；以三心事一君者，不顺焉。今未见婴之行，而非其顺也。婴闻之，君子独立不惭于影，独寝不惭于魂⑦。孔子拔树削迹⑧，不自以为辱；穷陈、蔡⑨，不自以为约⑩。非人不得其故⑪，是犹泽人之非斤斧⑫，山人之非网罟也⑬。出之其口，不知其困也。始吾望儒而贵之，今吾望儒而疑之。"

【注释】

①世民：世世代代的平民。晏子之父名弱，谥"桓子"，桓子以上，俱不闻名，所以晏子说自己是

"齐之世民"。

②不维其行：不能保持住自己的品行。此与下面两句都是晏子自谦的说法。

③见爱：被宠爱。

④诽誉为类：意思是，该责备就责备，该赞誉就赞誉，各自都与其行为相随。

⑤声：声音。响：回声。

⑥见行而从之：意思是，看到行为如何然后决定给予责备或赞誉。

⑦"君子"二句：比喻君子做事无论在什么情况下都问心无愧。

⑧拔树削迹：据《史记·孔子世家》载，孔子与学生在大树下习礼，宋司马桓魋欲杀孔子，拔下大树，孔子于是就离开了宋国。

⑨穷陈、蔡：指孔子在陈国、蔡国断粮七日事。穷，困窘。

⑩约：贫困。

⑪故：原因。

⑫泽人：住在水边的人。

⑬网罟（gǔ）：泛指网。网，鱼网。罟，网的总称。

【译文】

晏子听到这话以后，说："我家世世代代是齐国的平民，我难以保住自己的品行，难以知道自己的过错，不能自立于齐国。我听说过，运气好就受宠爱，运气不好就遭厌恶，遭诽谤或受赞誉都与自己的行为相跟随，就像回声和声音相应和一样，应该看清行为如何然后再决定是责备还是赞誉。我听说过，用一个心眼侍奉三位君主的，因而能顺从君主；用三个心眼侍奉一位君主的，不能顺从君主。现在还没有看到我的行为如何，就责备我顺从君主。我听说过，君子独自站立着，对身影不感到有愧；独自睡觉，对梦魂不感到有愧。孔子在大树下习礼，被人拔掉大树后就离开了，自己并不认为受辱；在陈国、蔡国绝粮处于困境，自己并不认为贫穷。责难人却找不到正当原因，这就如同住在水边的人认为斧斤没有用处而加以责难，住在山上的人认为鱼网没有用处而加以责难一样。话从他的嘴里说了出来，他自己却不知道因此而陷入困境。当初我看见儒者很尊重他们，现在我看见儒者开始怀疑了。"

仲尼闻之，曰："语有之①：'言发于尔②，不可止于远也；行存于身，不可掩于众也。'吾窃议晏子而不中夫人之过③，吾罪几矣④。丘闻过人以为友，不及人以为师。今丘失言于夫子，夫子讥之，是吾师也。"因宰我而谢焉⑤，然后仲尼见之。

【注释】

①语：俗语。

②尔：通"迩"，近。

③夫（fú）人：那个人。

④几：近，接近。

⑤宰我：宰予，字子我，孔子的学生。谢：道歉。

【译文】

仲尼听到这些话以后，说："俗语有这样的话：'近处说的话，传到远处也不能停止；自己的所作所为，不能掩盖众人的耳目。'我私下议论晏子却没有说中他的过错，我的罪过不可避免了。我听说君子超过别人就把他当成朋友，赶不上别人就把他当成老师。现在我在他老先生身上说错了话，他老先生批评我，他就是我的老师啊。"通过宰我去向他道歉，然后仲尼去会见了晏子。

庄公图莒国人扰
绐以晏子在乃止

　　本章叙述齐庄公因谋划攻打莒国而关闭宫门，都城人误以为有叛乱而持兵器立于街头，庄公假称晏子在宫中才使国人收起兵器回家的故事，表明晏子在人们心目中的崇高地位："晏子存而民心安。"

庄公阖门而图莒①。国人以为有乱也，皆操长兵而立于闾②。公召睢休相而问曰③："寡人阖门而图莒，国人以为有乱，皆摽长兵而立于衢闾④，奈何？"休相对曰："诚无乱而国以为有，则仁人不存。请令于国，言晏子之在也。"公曰："诺。"以令于国："孰谓国有乱者？晏子在焉。"然后皆散兵而归。

启子曰："夫行不可不务也。晏子存而民心安，此非一日之所为也，所以见于前信于后者⑤。是以晏子立人臣之位，而安万民之心。"

【注释】

①阖门：指关闭宫门。莒（jǔ）：诸侯国名。故址在今山东莒县。

②闾（lú）：里巷的大门。

③睢休相：齐庄公臣。

④衢：街道。

⑤见于前信于后：前边出现了这种情况（指晏子存），接着后边就得到了证实（指民心安）。见，出现。信，真实。

【译文】

庄公关闭了宫门，谋划攻打莒国，都城的人以为有叛乱，都拿着长兵器站在街道里巷的大门口。庄公召来睢休相问道："我关闭了宫门，谋划攻打莒国，都城的人以为有叛乱，都挥动着长兵器站在街道里巷的大门口，怎么办？"

睢休相回答说：“确实没有叛乱而都城的人以为有，那是因为仁德的人不在这里。请您向都城传布命令，就说晏子在这里呢。”庄公说：“好吧。”于是向都城传布命令：“谁说都城有叛乱？晏子在这里呢。”然后都城的人都收起兵器回家了。

　　君子对此评论说：“行为是不可不认真对待的。晏子在，因而百姓心安，这种局面的出现不是一天就能做到的，这是由于前边出现过这种情况，接着就得到了证实。因此，晏子担当了官职，就能使万民心安。”

晏子死景公驰往哭哀毕而去

　　本章记叙景公听到晏子死讯后急于赶回国都的慌乱举动，以及哭悼晏子的自责话语，从而表现晏子敢于劝谏君过的高风亮节。

景公游于菑^①，闻晏子死，公侈乘舆、服繁驵驱之^②。而因为迟，下车而趋；知不若车之遬^③，则又乘。比至于国，四下而趋。行哭而往，至，伏尸而号曰："子大夫日夜责寡人，不遗尺寸^④，寡人犹且淫泆而不收^⑤，怨罪重积于百姓。今天降祸于齐，不加于寡人，而加于夫子。齐国之社稷危矣，百姓将谁告夫？"

景公到菑地游玩，听说晏子死了，景公急忙坐上车驾上快马，赶车回去。自己认为车走得慢，就下了车跑；当他知道不如坐车快时，就又坐上车。等到达都城，他先后四次下了车跑。他边走边哭往晏子家去，到了晏子家，趴在晏子的尸体上痛哭，说："大夫您时时刻刻批评我的过错，一点儿也不遗漏，这样，我尚且奢侈放纵，不知收敛，在百姓那里积下了许多怨恨。现在上天降给齐国灾祸，灾祸不降到我身上，却降到先生您身上。齐国的江山危险了，百姓当中谁将把我的过失告诉我呢？"